民族之魂

革故鼎新

陈志宏◎编著

延边大学出版社

图书在版编目（CIP）数据

革故鼎新 / 陈志宏编著 . -- 延吉：延边大学出版社，2018.4（2023.3 重印）

（民族之魂 / 姜永凯主编）

ISBN 978-7-5688-4482-6

Ⅰ . ①革… Ⅱ . ①陈… Ⅲ . ①品德教育－中国－青少年读物 Ⅳ . ① D432.62

中国版本图书馆 CIP 数据核字（2018）第 069822 号

革故鼎新

编　　著：陈志宏

丛书主编：姜永凯

责任编辑：王　静

封面设计：映像视觉

出版发行：延边大学出版社

社　　址：吉林省延吉市公园路 977 号　　邮编：133002

网　　址：http://www.ydcbs.com　E-mail：ydcbs@ydcbs.com

电　　话：0433-2732435　　　　传真：0433-2732434

发行部电话：0433-2732442　　　　传真：0433-2733056

印　　刷：三河市同力彩印有限公司

开　　本：640×920 毫米　　1/16

印　　张：8　　　　字数：90 千字

版　　次：2018 年 4 月第 1 版

印　　次：2023 年 3 月第 2 次印刷

ISBN 978-7-5688-4482-6

定价：38.00 元

人有灵魂，国有国魂；一个民族，也有民族魂。

鲁迅先生曾经说过："唯有民魂是值得宝贵的，唯有他发扬起来，中国才有真进步。"

鲁迅先生以笔代戈，战斗一生，曾被誉为"民族魂"。

民族魂，顾名思义，就是一个民族的灵魂！民族魂，是一个民族的精髓，体现了一种民族的精神，是一个民族生存和存在的精神支柱。

什么是中华民族的民族魂？那就是中华民族精神！它是中华民族凝聚力的理念核心，是中华文明传承的基因。它包含热烈而坚定的爱国情感，对生活的美好愿望和追求，为目标努力奋斗的拼搏毅力，为正义事业不惜牺牲自己的精神，以及正确的人生观和价值观。

前 言

翻开浩瀚的中国历史长卷，我们可以看到数不胜数的，体现民族精神和民族魂的英雄人物和可歌可泣的感人故事。

民族魂，不仅体现在爱国主义精神和行动中，而且体现在各个领域自强不息的民族奋斗中。而中华民族精神的力量，更是深深植根于延绵几千年的传统文化之中，始终是维系中华各族人民共同生活的纽带，是支撑中华民族生存和发展的精神支柱，是不断推动中华民族前进的强大动力。

民族魂体现在"重大义，轻生死"的生死观中；民族魂体现在"国家兴亡，匹夫有责"的使命感中；民族魂体现在"我以我血荐轩辕"的大无畏精神中；民族魂体现在将国家利益置于最高的爱国情怀中！

　　纵观中华五千年文明史，曾经有多少杰出的政治家、军事家、思想家、文学家、科学家、艺术家；曾经有多少忧国忧民、鞠躬尽瘁的仁人志士；曾经有多少抗击外敌、英勇献身的民族英雄。他们或顺应历史潮流，积极改革弊政，励精图治，治国安邦，施利于民；或为人类进步而不断进行着农业、工业、科技、社会等各种创新；或开发和改造河山，不断创造着灿烂的中华文明；或英勇反击外来侵略，捍卫着国家主权和民族尊严；或坚决反对民族分裂，维护国家的统一……他们从不同的侧面，体现了中华民族的民族魂，谱写了几千年中华文明的壮丽诗篇，铸造了中华民族高尚而坚不可摧的"民族之魂"。

　　民族魂，就是爱国魂。从屈原在汨罗江边高唱的《离骚》，到文天祥大义凛然赴死前的"人生自古谁无死，留取丹心照汗青"的诗句；从岳飞的岳家军抗击入侵金兵，到郑成功收复台湾；从血雨腥风的鸦片战争，到硝烟弥漫的十四年抗战，再到抗美援朝的隆隆炮声……哪个为国捐躯的英雄不是可歌可泣的？

　　民族魂，就是奋斗魂。从勾践卧薪尝胆，到司马迁秉笔直书巨著《史记》；从鉴真东渡传播佛法终在第六次成功，到詹天佑自力更生建铁路；从袁隆平百次实验成为"水稻之父"，到屠呦呦的青蒿素获得诺贝尔奖……哪个不是历经艰难，最终取得成功？

　　民族魂，就是改革献身魂。从管仲改革到商鞅变法；从王安石变法到百日维新……哪次变法图强不是要冲破

民族之魂

旧势力的阻挠，或流血牺牲？

民族魂，就是创新魂。古有毕昇发明活字印刷，今有王选计算机照排；古有指南针、造纸术、火药、浑天仪、地动仪的发明，今有神舟号的相继飞天……哪个不是中华民族的智慧结晶？

自古以来，多少仁人志士为了维护人格的尊严和民族气节，以生命为代价！留下了"玉可碎不可污其白，竹可断不可毁其节"的称颂；有多少英雄豪杰，为理想和事业奋斗，面对死亡的威胁，大义凛然；有多少爱国壮士面对侵犯祖国的列强，挺身而出而献出生命。

伟大的中华民族孕育了五千年的辉煌，五千年的历史留下了璀璨的中华文明。

中国人的血脉流淌着顽强不屈的精神！我们的先辈用血汗和生命铸就了不朽的中华民族魂！换得如今中华大地的一片祥和安宁，换得我们现在的幸福生活。如今，我们要实现习近平主席提出的中国梦，依然需要我们秉承祖辈留下的这种"民族魂"。

青少年是国家的希望，亦是民族的未来。因此，爱国主义教育和励志图强教育要从青少年开始。为了增强对青少年的民族精魂和志向教育，我们精心编写了本套丛书——《民族之魂》丛书。

本套丛书将我国有史以来体现民族精神和民族魂的典型事迹，以通俗易懂的语言故事形式展现出来，适合青少年的阅读水平和欣赏角度。书中提供的人物和事件等故事，涉及社会的各个方面，有利于青少年学习和理

前 言

解，使读者能全方位地领悟中华民族精神。

为了帮助读者更好地理解和吸收故事的精神，编者在每篇故事后还给出了"心灵感悟"，旨在使故事更能贴近现实社会，让读者结合自身的需要学习领会，引发读者更深入的思考。

希望读者们可以从本套图书中获得教益，通过阅读，真正体会到中华民族之魂所在，同时能汲取其精华，不断提升自己各方面的素质和品格，为祖国新时代的建设和发展做出努力。

全套丛书分类编排，内容详尽，风格独具，是广大读者尤其是青少年爱国励志教育的优秀阅读材料。相信本套丛书一定可以成为青少年朋友的良师益友。

民族之魂

导言

　　中华民族不仅是一个勤劳勇敢、崇尚和平的民族，而且也是一个酷爱自由、勇于斗争、敢于革命的民族。对美好事物的向往和对丑恶势力的憎恨，构成我们民族精神不可分割的两翼，共同支撑着中华民族的精神大厦，维系着中华民族的生存发展。这种民族精神和美德，包括了不甘奴役、反抗压迫，不屈权势、自强不息，疾恶如仇、威武不屈以及执著理想、崇尚大同等诸多方面的内容，贯穿其中的是对自由和理想的执著追求。正是执著于自由和理想，无数志士仁人不畏横逆，英勇奋斗，虽百折而不回，历坎坷而不屈，谱写了一曲曲气壮山河的革命斗争之歌。

　　在奴隶社会初期，面对夏桀荒淫残暴的统治，奴隶们发出了"时日曷丧，予及汝皆亡"的愤怒呼声，表达出要与暴君同归于尽的决心。秦末，统治阶级荒淫无耻、挥霍无度，繁重的徭役赋税和残酷的刑罚使得百姓民不聊生，陈胜、吴广揭竿而起，发动了中国历史上第一次大规模的农民起义。此后，中国历史上农民起义次数之多、规模之大、影响之深，为世界历史上所罕见。每一次农民起义，都沉重地打击了地主阶级的残暴统治，迫使新建王朝的统治者不得不在一定程度上调整治政方略，以缓解日趋尖锐的各种矛盾，从而在客观上促进了历史的前进，显示了人民群众作为历史创造者的伟大力量。正是在反抗暴虐的斗争中，人民群众所表现出来的疾恶如仇、拼死搏斗、无所畏惧的高尚品德，才构成了中华民族不甘奴役、反抗压迫的光荣传统。近代历史上，面对帝国主义列强的侵略，中国人民前赴后继，进行了不屈不挠的英勇斗争，沉重打击了帝国主义列强对中国的侵略。

本书中，讲述了我国古代仁人志士及近现代英雄们抛头颅、洒热血，与黑暗、腐朽的反动势力做斗争的事迹。在这些事迹中，无不充满着中华民族崇尚理想、勇于斗争、敢于革命的精神。也正是由于这种精神，才使我们的社会不断进步，使我们的政治制度不断革新，使我们中华民族经济、文化不断发展。

希望读者通过对此书的阅读，能够基本了解我国历史上的人民革命斗争的历史。

目录
CONTENTS

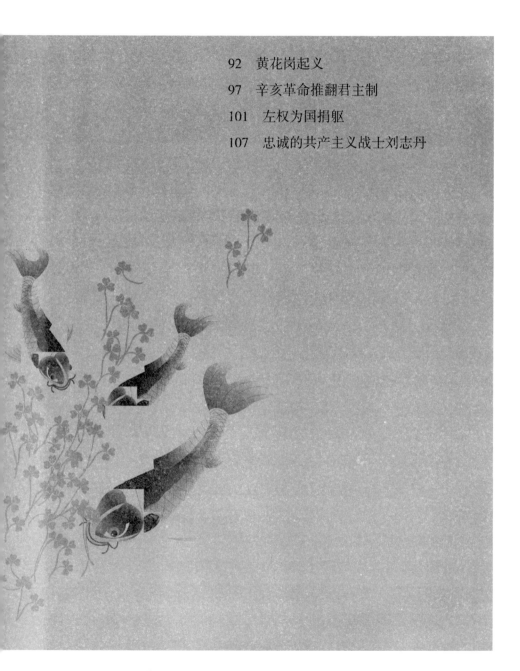

第一篇
反抗暴虐农民大起义

武王克商的王朝革命

> 周武王（？—约前1043），姬姓，名发。牧野大战灭商，建都镐京，改国号为大周，在位13年，谥号"武王"。

殷商末年，由于统治者频繁发动掠夺战争，加重了各国的负担和对民众的征调，殷商奴隶主王朝很快衰落。尤其是商纣王上台以后，骄奢淫逸，残暴无道，使各种矛盾迅速激化。公元前1044年，周武王率军讨伐商纣王，大战于牧野（今河南淇县南、卫河以北，新乡市附近），一举摧毁了商军，商朝随即灭亡，史称"武王克殷"或"武王克商"。

周武王能一举而灭殷，原因是多方面的，而周文王全面、周密的部署和武王审慎而不失时机地发起决战，都是其成功的重要因素。

周文王为灭商做了大量的准备工作。他在位的前40年，"遵后稷、公刘之业，则古公、公季之法，笃仁、敬老、慈少，礼下贤者，日中不暇食以待士"，辛勤治国，增强实力，"三分天下有其二，以服事殷"。在他去世之前的第七年，他"受命"称王，实际上已拉开了灭殷的序幕，灭殷进入了战略准备阶段。《尚书大传》载："文王受命，一年断虞、芮之讼，二年伐邢，三年伐密须，四年伐畎戎，五年伐耆，六年伐崇，七年而崩。"

虞（今山西平陆北）和芮（今陕西潼关西北）是殷的属国。两国发生了领土争端，本应找他们的共主"殷"调停，但他们仰慕周文王的威名，"相予朝周"，请周文王加以裁断。二国君来到周国，他们看到周围百姓知礼互让，自己感到很惭愧，就回去不再争执了。

所以，"断虞、芮之讼"既是周文王威望达到相当程度的一个标志，又是周在政治和外交方面瓦解殷商并取得明显优势的标志。

伐犬戎和密须，意在解除后顾之忧。当时周的中心在岐下，犬戎在其北方，密须（今甘肃灵台西南）在其西方。文王要东进伐商，先扫荡掣肘的小国，确为周到的考虑。

紧接着是开辟通道。耆（亦做黎，今山西长治西南）、于（今河南沁阳西北）、崇（今河南嵩县东北）都在商朝政治中心的西面，由北向南连成一线，构成了商王朝西面的藩篱。周文王在他最后的几年将它们逐一剿灭，彻底扫除了周东进的障碍，朝歌（商都）已被置于周的矛头之下。

在这种情势下，周文王把国都由岐迁至丰（今陕西户县），使指挥中心进入了更为方便的位置，周灭殷的准备工作至此已完全就绪。不幸，文王在这个时候去世，灭殷的重任便落到了武王肩上。

武王继位之后，面对的形势仍然严峻。一方面扫除东进的障碍，已使整个国家进入了灭殷的轨道，但是商王朝也有所警觉，已采取了相应措施加以防范；另一方面，商王朝虽衰败，但仍有相当强大的实力和一定的号召力，而武王新即位，不仅实力与商有一定差距，自己的威望也多是借重父王的余泽。这使武王既要继续执行文王灭殷的大计，又要在实施时多方考虑，谨慎行事。因此，在即位的最初两年，他不敢轻举妄动，只是以"太公望为师，周公旦为辅，召公、毕公之徒左右王，师修文王绪业"而已。

两年后，周武王才举行了第一次大的军事演习。

这次"观兵"，实际上是武王对自己实力和威信的大检验。虽然，"诸侯不期而会盟津者八百诸侯"，且都提出："纣可伐矣。"但武王仍沉着冷静，回答诸侯们说："汝未知天命，未可也。"武王所谓的"天命"，实际上是"时机"。

又过了两年，"纣昏乱暴虐滋甚，杀王子比干，囚箕子"，"太师疵、少师疆抱其乐器而奔周"，殷商政权处在一片混乱之中，武王认为灭殷的时机到了。

于是，武王遍告诸侯："殷有重罪，不可以不毕伐。"于是遵承文王的遗愿，率戎车三百乘，虎贲三千人，甲士四万五千人，开始东征伐纣。

周军渡过盟津与诸侯之师会合，武王"作《太誓》，告于众庶"，进行了临战前的第一次动员：

"今殷王纣乃用其妇人之言，自绝于天，毁坏其三正，离逷其王父母弟，乃断弃其先祖之乐，乃为淫声？用变乱正声，怡说妇人。故今予发维共行天罚。勉哉夫子，不可再，不可三！"

周军士气高昂，长驱直入，"朝食于戚，暮宿于百泉，旦压于牧之野"，寻找商军主力决战。在仅距当时商都七十里的牧野，周武王又向全军发表了誓词，史称《牧誓》。

其略曰："古人有言曰：'牝鸡无晨。牝鸡之晨，惟家之索。'今商王受，惟妇言是用，昏弃厥肆祀，弗答；昏弃厥遗王父母弟，不迪；乃惟四方之多罪逋逃，是崇是长，是信是使，是以为大夫卿士，俾暴虐于百姓，以奸宄于商邑。今予发，惟恭行天之罚。"

这时候，到达牧野参加灭商的诸侯军队，仅兵车就有四千乘。

商纣王得知周武王陈师牧野的消息后，"亦发兵七十万人距武王"。

决战在牧野展开了。"牧野洋洋，檀车煌煌。"武王首先派师尚父带领百名勇士到商军阵前挑战，紧接着即以"大卒驰帝纣师"。"纣师虽众，皆无战之心，心欲武王亟入。纣师皆倒兵以战，以开武王。武王驰之，纣兵皆崩，畔纣"。商纣王见大势已去，即逃回王宫，登鹿台自焚而死。历时600余年的殷商王朝灭亡了。

□ 故事感悟

战略准备的完成，只是奠定了胜利的基础，最后胜利的取得，还有对决战时机的把握。周文王深谋远虑，周武王当机立断，牧野一战灭商，非侥幸而成功，实属两代人智慧的结果。

□ 史海撷英

孟津观兵

周原为商朝地处西陲的一个小属国。文王在位50年，做了许多灭商的准备，他改革内政，发展生产，励精图治，以德治国，礼贤下士，使周繁荣兴盛起来。武王姬发继位后，继续任姜尚为国相，以兄弟周公旦（召公）为助手，积极筹划灭商的事宜。

此时，商朝在暴君纣王统治下，政治上已十分腐败，但军事上仍有较强实力。武王审时度势，积极为灭商准备条件，等待时机。他即位9年后，为便于进攻商都朝歌（今河南淇县），将都城由丰（今陕西西安西南沣水西岸）迁至镐（今陕西西安西南沣水东岸），举行了历史上有名的"孟津观兵"。

这次大阅兵实际上是一次为灭商做准备的军事演习和检阅。他率大军先西行至毕原（今陕西长安县内）文王陵墓祭奠，然后转而东行向朝歌前进。在中军竖起写有父亲西伯昌名字的大木牌，自己只称太子发，意为仍由文王任统帅。大军抵达黄河南岸的孟津（今河南孟津县东北），有800名诸侯闻讯赶来参加。人心向周、商纣王孤立无援的形势已形成，诸侯均力劝武王立即向朝歌进军。武王和姜尚则认为时机还不成熟，在军队渡过黄河后又下令全军返回，并以"诸位不知天命"告诫大家不要操之过急。

陈胜吴广揭竿而起

陈胜（？—前208），字涉，阳城（今河南省商水县）人。陈胜年轻时就是个有志气的人。他出身雇农，从小给富户人家做长工，深受压迫和剥削，心里"怅恨久之"，逐渐产生了反抗压迫、变革现实的思想，曾说过"燕雀安知鸿鹄之志哉"，并从小立志要干大事业。陈胜领导了中国历史上第一次大规模的农民起义，吹响了灭亡秦王朝的号角。

秦始皇在位时，每攻灭一个国家，就仿照该国宫殿的式样在咸阳盖起同样的宫殿。这样，咸阳附近布满了各式各样的宫殿。秦始皇还在全国征调70万人修建阿房宫和骊山陵。

秦二世胡亥继位后，承袭秦始皇的暴政，继续修建阿房宫。为防止陵墓机密泄露，胡亥残忍地下令将营造骊山陵地下机弩的工匠全部活埋在墓中。

秦朝的赋税特别重，是战国时期的二十倍，百姓要把全年收成的三分之二交给朝廷。男子拼命耕种也吃不饱，女子日夜纺织也穿不暖，百姓生活在水深火热之中。

秦朝的刑法十分严酷，一人犯死罪，亲族都要处死，叫"族诛"；一家犯法，邻里都要受牵连，叫"连坐"。当时，被押送到官府去的罪犯络绎不绝，监狱像集市一样挤满了人。

百姓负担最重的是徭役和兵役。秦法规定，成年男子每年服徭役一个月，一生要在本郡服兵役一年，到京城或边疆戍守一年。无休无止的徭役和兵役，致使妇女也被征调去运输粮饷了。

秦二世元年（前209）七月，秦二世下令征发闾左去戍守渔阳（今河北密县）。

秦朝规定有钱人家住在里门的右侧，称为"闾右"；贫苦百姓住在里门的左侧，称为"闾左"。陈胜、吴广都是贫苦农民，也在征发之列。两人因身体强壮，被选为小头目。

这一天在朝廷派来的两个校尉的押送下，陈胜、吴广和900名戍卒上路了。

这支队伍走到安徽大泽乡时，碰巧赶上大雨天，道路被冲垮，无法继续前行了。按照秦朝的法律，不按期到达渔阳要被杀头。陈胜、吴广估算一下日期，知道已经无法在规定的日期内到达渔阳了。于是他们商量说："我们不能到渔阳去送死。现在如果逃跑，被抓回来是死；如果起义，即使失败了，也不过是死。反正都是死，不如起义抗秦，那是为国而死，不是更好些吗？"

接着，陈胜说出了自己想好的主意："天下人受秦国暴政之苦已经太久，早就想反了。我听说二世是始皇的小儿子，本不该由他继位，应该继位的是公子扶苏。因扶苏屡次进谏，始皇不喜欢他，就让他驻守外地去了。现在，二世虽然已经把他杀害了，但百姓大多只知道扶苏贤明，还不知道他已经死了。还有，15年前，楚国大将项燕曾率领大军在大泽乡一带同秦军打过仗，屡建战功，又爱护士兵，楚人现在还很怀念他。有的人说他死了，有的人说他突围逃走了。如果我们自称是扶苏和项燕的队伍举行起义，向天下发出号召，相信起来响应的人一定很多。"

吴广认为陈胜的话很有道理，于是就去占卜吉凶。

卜者看出他们的意图，就说："你们要办的事都能办成，可以建立功业，可是你们向鬼神问过吉凶了吗？"

陈胜、吴广一听这话，明白了他的意思，心里很高兴，知道应该假托鬼神，使众人畏服。

于是，他们在绢上写上"陈胜王"三个红字，偷偷地放在刚捕捞的鱼肚里。戍卒买鱼回来，剖开鱼肚子时，发现了里面的字条，都很惊讶。

陈胜趁人不注意时，让吴广躲在附近丛林中的祠堂里。到了晚上，吴广在笼子里点上火，远远望去就像鬼火一样。这时，吴广学着狐狸的声音叫起来："大楚兴，陈胜王。"

戍卒们听到这声音，惊恐万分，一夜都没有睡着。

第二天一早，戍卒们就议论起昨天和夜晚发生的怪事，并且都指指点点地注视陈胜。

吴广平素一向关心别人，戍卒们都愿意为他做事。

有一天，押送戍卒的校尉喝醉了酒，吴广故意说要逃跑，以便激怒校尉。校尉果然大怒，挥起鞭子痛打吴广，又拔出佩剑要杀吴广。

这时，吴广猛地跳起来，夺过校尉的剑，一剑杀了他。与此同时，陈胜把另一个校尉也杀了。

陈胜把戍卒召集在一起，慷慨陈词："我们被大雨耽误，已经不能按期到达渔阳了。按照法律规定，我们都得被杀头。即使不被杀头，去渔阳服苦役，十人中也得有六七人会活活累死。男子汉大丈夫不死便罢，死就要死得轰轰烈烈，留名千古。那些王侯将相，难道天生都是贵种吗？"

戌卒听了，异口同声地喊道："说得好，我们都听你的！"

于是，他们诈称是公子扶苏和项燕领导的队伍，以顺应民众的愿望。大家约好，都露出右臂作标记，起兵反秦。他们建坛宣誓，用校尉的头祭了天地，推举陈胜为将军，吴广为都尉。

这支起义队伍旗开得胜，一举攻下大泽乡，随即又攻下蕲县。十天左右时间，起义军就连续攻下五座县城。

当起义军进军到陈县（今河南淮阳县）时，已有战车六七百辆，骑兵一千多人，步兵几万人了。

占领陈县后，陈胜自立为王，国号为"张楚"，表示要张大楚国。

全国各地农民群众和反秦势力纷纷起兵响应陈胜、吴广。

■故事感悟

陈胜吴广起义是中国历史上第一次大规模的农民阶级有意识地反抗统治者阶级的起义运动，也是中国历史上第一次发生在大统一王朝的大规模农民起义运动，它开启了中国古代农民自主反抗暴政的历史先河。

■史海撷英

败亡陈县

陈胜率领农民军的另一路人马由武臣率领，占领了旧赵都城邯郸后，武臣在混进起义军队伍的旧贵族势力的代表人物张耳、陈余怂恿下自立为赵王。陈胜为了顾全大局，勉强予以承认，并命他率军西上支援周文。张耳、陈余不但不救援周文农民军，反而割据自立，不听陈胜指挥。接着，六国旧贵族相继割地称王。这样，就造成陈胜、吴广所领导的起义军处于腹背受敌的境地。周文率军在曹阳坚持斗争三个月，多次失利，终因众寡悬殊，又无后援，损失过重，周文最后自杀。不久，围攻荥阳的吴广被部将阴谋杀害。吴广死后，军心涣散，其他几支起义军也先后被秦军各个击破。公元前209年，章邯率秦军向陈县扑来，陈胜亲自领导起义军奋力抵抗，因兵力太少，不幸失利，陈胜被车夫庄贾暗杀。

■文苑拾萃

陈胜墓

中国历史上第一个农民起义领袖陈胜之墓，位于河南省永城市东北芒砀山主峰西南麓。现存墓冢高2.6米，周长约27.3米。周围筑有青石围墙，高顶，下有须弥座，正中镌刻郭沫若书"秦末农民起义领袖陈胜之墓"。西汉以陈胜首倡反秦之功，高祖时为置守冢30家，免其赋税杂役，以守护墓地，东汉后渐废。1976年，国家拨专款整修，辟地4000平方米，砌石围墓，栽松植柏，置人守冢，为省级重点文物保护单位。

项羽刘邦灭秦

项羽（公元前232—前202），姬姓，项氏，名籍，字羽，中国古代杰出军事家及著名政治人物。秦下相（今江苏宿迁）人。秦末随项梁发动会稽起义，在公元前207年的决定性战役"巨鹿之战"中大破秦军主力。秦亡后自立为西楚霸王，统治黄河及长江下游的梁、楚九郡。后在楚汉战争中为汉王刘邦所败，在乌江（今安徽和县）自刎而死。项羽的勇武古今无双，他是中华数千年历史上最为勇猛的将领，"霸王"一词，专指项羽。

秦二世元年七月，陈胜、吴广首举反秦义旗，得到广大民众及各种反秦力量的积极响应。同年九月，楚名将项燕后裔项梁、项羽叔侄，杀会稽（今江苏苏州市）郡守殷通起义，聚集精兵8000余人；刘邦起兵沛县（今属江苏）得2000人；另有英布、秦嘉、陈婴、郦商等及魏（今河南东北部）、赵（今河北南部、河南北部）、齐（今山东大部）等地的原六国旧贵族先后起兵。

陈胜、吴广起义失败后，原六国旧贵族拥兵割据，各地反秦武装仍在继续积极抗秦。二年春，奉陈胜之命攻取广陵（今江苏扬州市）的义军将领召平，以陈胜名义封项梁为"张楚"农民政权上柱国，建议他引兵西进击秦。三月，项梁、项羽率军渡江北上，沿途收编陈婴、英布、吕臣、蒲将军等多支反秦武装，并击败占据彭城（今江苏徐州市）以东地区的秦嘉部，队伍迅速壮大。秦将章邯击灭陈胜、吴广农民起义军后，为逐次消灭北方各部反秦势力，北上至栗县（今河南夏邑）。项梁遣朱鸡石迎战不利，退军至薛（今山东滕州市东南），刘邦率部归附。这时，义军已发展到10万余人。项梁得知陈胜败亡的消息，接受范增建议，拥立死于秦国的原楚怀王之孙熊心为王，仍称楚怀王，作为反秦号召。项梁自称武信君，掌握军政大权。

章邯军在栗县击败朱鸡石部后，对魏、齐、赵等地的反秦力量发起攻击，击败齐、魏联军于临济（今河南长垣西南），乘胜进攻齐地的东阿（今山东阳谷东北阿城镇）。项梁率军援齐，大败章邯军于东阿城下。楚军追击至濮阳（今河南濮阳西南）东，再败秦军。章邯退入濮阳防守，同时，项羽、刘邦率军在城阳（今山东鄄城北老城镇东南）、雍丘（今河南杞县）、定陶（今山东定陶西北）、陈留（今河南开封市东南）等地连破秦军。九月，章邯得到补充，大破义军于定陶一带，项梁战死。为避免被秦军各个击破，项羽、刘邦等率部东撤到彭城一带，楚怀王也自盱台（今江苏盱眙东北）迁到彭城。

章邯击败项梁于定陶后，认为楚地兵不足忧，即率军北上攻赵。同年闰九月，秦军攻占赵都邯郸（今属河北）。赵王歇、赵相张耳由信都（今河北邢台市）退守巨鹿（今河北平乡西南之平乡镇）。章邯令王离、涉间率20万人围攻巨鹿，自率20万人屯于巨鹿南之棘原（今河北平乡南），筑甬道（两侧有土墙的运粮通道）至巨鹿城外，补给王离军。赵王歇几次派人向彭城楚军求救。楚怀王任命宋义为上将军、项羽为次将军，率主力北上救赵；遣刘邦率一部分兵力（不足万人）乘关中（指函谷关以西地区）空虚无备，进军咸阳（今陕西咸阳市东北）。三年冬十一月（秦制，十月为岁首），宋义率军抵安阳（今河南安阳市），滞留46天，企图坐观秦、赵相斗，以收渔人之利。时天寒大雨，军中缺粮，士卒冻饿，且巨鹿危在旦夕。十一月，项羽多次建议立即北上救赵，宋义不听，反下令军中，不从命者皆斩。他整天饮酒作乐，项羽遂杀宋义。楚怀王改命项羽为上将军，率军救赵。当时，巨鹿兵少食尽，赵将陈余及燕齐等国救兵畏惧秦军，不敢出战。

十二月，项羽派英布、蒲将军率2万余人渡过漳水救赵，取得初战胜利，陈余复请救兵。于是，项羽亲自率主力渡河，下令凿沉船只，打破"釜甑"（炊具），每人只携三日口粮，以示誓死决战之心。至巨鹿与秦军相遇。先后九战，大破秦军，绝其甬道，击杀秦将苏角、俘虏王离，涉间自杀。诸侯军等敬服项羽，拥戴他为诸侯上将军。项羽乘胜追击至漳水南岸，屡次击败秦军。章邯求和未成，率军后撤。项羽以蒲将军追击，至三户津（今河北临漳西），再破秦军。章邯率军南退，项羽又亲率楚军及诸侯军追击，大破秦军于汀水（漳水支流，位于今河北临漳附近）上。章邯连战失利，受到秦二世指责，进退无路。七月，遂率20万秦军降楚。至此，秦军主力全部被歼，项羽即长驱入关。

三年二月，刘邦率军由砀（今河南永城东北芒山镇）出发西进。刘邦采用灵活机动的战术，避免攻坚，乘虚而进。攻昌邑（今山东巨野南）未下，转兵向西攻破陈留，随后向南迂回，出轘辕关（今河南偃师东南）险道，攻克宛城（今河南南阳市），沿途不断发展壮大队伍。八月，用张良计收买秦将，乘其不备，袭破通往关中的重要门户武关（今陕西丹凤东南）。这时，秦军主力已被项羽歼灭，秦统治集团内部矛盾激化。丞相赵高逼杀二世，立子婴为秦王。九月，子婴杀赵高，派兵据守峣关

（今陕西蓝田东南）。刘邦绕过峣关，与秦军战于蓝田，三战三胜。军至霸上（今陕西西安市东南），直逼咸阳。汉高帝元年（前206）十月，秦王子婴出降。刘邦进占咸阳，秦朝灭亡。

■故事感悟

项羽、刘邦义军继承陈胜、吴广"伐无道，诛暴秦"的起义宗旨，团结各地反秦力量，推翻了秦王朝的统治。项羽在巨鹿之战中以"破釜沉舟"的决心，九战九捷，歼灭王离军，又以积极连续的作战，迫降章邯于汀水，歼灭了秦军主力。刘邦以少量兵力乘隙而进，战术灵活，并注意团结和收编沿途武装力量，壮大自己，最终占领秦都咸阳。项羽和刘邦有勇有谋的作为和敢于革命的精神，值得后人钦佩。

■史海撷英

少年英雄项羽

楚国灭亡之后，项氏家族惨遭屠杀，祖父项董被车裂于家乡吴中。项羽与弟弟项庄随叔父项梁流亡到吴县（今江苏苏州）。项羽年少时，项梁曾请人教项羽书法诗歌，项羽学了没多久便厌倦了；后项梁又请人教他武艺，没多久又不学了。项梁大怒，项羽说："学文不过能记住姓名，学武不过能以一抵百，我要学便学万人故！"十是项梁教授他兵法。但学了一段时间后项羽又不愿意学了，项梁只好顺着他不再管他。项羽力能扛鼎，气压万夫，年轻时志向极为远大。一次，秦始皇出巡渡浙江（今钱塘江）时，项羽见其车马仪仗威风凛凛，便对项梁说："彼可取而代也（我可以取代他）。"秦二世元年（前209），陈胜、吴广在大泽乡振臂一呼，揭竿而起，项羽随叔父项梁在吴中刺杀太守殷通举兵响应，此役项羽独自斩杀殷通的卫兵近百人，第一次展现了他无双的武艺。24岁的项羽，就这样带领八千吴中（今苏州）男儿反秦起义军，登上了历史舞台。

破釜沉舟

《史记·项羽本纪》："项羽乃悉引兵渡河，皆沉船，破釜甑，烧庐舍，持三日粮，以示士卒必死，无一还心。"

公元前209年，我国历史上爆发了由陈胜吴广领导的农民起义。陈胜吴广牺牲后，刘邦和项羽率领的两支军队逐渐壮大起来。公元前207年，项羽的起义军与秦将章邯率领的秦军主力部队在巨鹿（今河北邢台市）展开大战。项羽不畏强敌，引兵渡漳水（由巨鹿东北流向东南的一条河）。渡河后，项羽命令全军："皆沉船，破釜甑，烧庐舍，持三日粮，以示士卒必死，无一还心。"巨鹿一战，大破秦军，项兵威震诸侯。

绿林好汉举义旗

王莽（公元前45—23），字巨君。汉元帝皇后之侄，新朝建立者，公元8至23年在位，魏郡元城（今河北大名县东）人，祖居东平陵（今山东济南东75里）。西汉哀帝自元寿（前1）二年六月去世后，9岁的汉平帝即位，元后临朝称制，以王莽为辅政大臣，出任大司马，封"安汉公"。至9年元旦，篡位称帝，登基成为一朝开国君主，改国号为"新"，年号"始建国"。直至23年赤眉绿林军攻入长安被杀，在位15年，死时69岁。

西汉末年，官僚和地主有钱有势，残酷地剥削和压迫农民，掠夺农民的土地。有许多地主还豢养着武装打手，经常靠暴力对百姓进行掠夺，称霸于乡里。一般的地方官史都不敢得罪他们，农民更是敢怒而不敢言。

农民不仅在政治上没有一丝权利，在经济上还受种种剥削。每年，农民要把收入的一半或一半以上交给地主和贵族，还要负担各种各样的苛捐杂税。

当时，苛捐杂税名目繁多，7岁以上的孩子每年要交20文钱，称为

"口赋"；15岁以上的成年人每年要交120文钱，称为"算赋"。

统治者除了横征暴敛外，朝廷还规定每个成年男子要服兵役和徭役，一般情况下，每人每年平均要服役三个月。

许多农民丧失土地，为了躲避繁重的苛捐杂税和徭役，不得不四处藏匿，以致有很多人因饥饿而死。为了免交口赋，一些穷人甚至把刚生下来的婴儿弄死。

地主恶霸与官府勾结，趁火打劫，向农民发放高利贷，利息通常是百分之二百，有的竟高达百分之一千。

在这种情况下，农民实在活不下去了，许多地方爆发农民起义。他们杀死残暴的官吏，除掉恶霸和地主，风起云涌的农民起义沉重地打击了西汉统治。

这时，西汉外戚王莽到处鼓吹说，如果他当皇帝，一定能让天下太平，让农民都过上好日子。

王莽篡权登基后，进行了一系列的改革，但都因违背历史潮流而以失败告终。王莽末年，各地天灾人祸依然接连不断，尤以湖北一带最为严重，农民起义就在这里爆发了。

天凤元年（14），以琅琊海曲（今山东日照市西南）的吕母起义为先声，在黄河南北及江汉地区先后爆发绿林、赤眉、东海力子都、城头子路、临淮瓜田仪等大规模农民起义，众达百万人。其中，绿林、赤眉实力最强。

天凤四年，荆州地区（今湖北、湖南两省及河南西南部、贵州东部和广西东北部、广东西北部）连年发生严重饥荒，民众逃入山野沼泽挖掘荸荠为食。新市人王匡、王凤为饥民评理诤讼，排难解忧，深得饥民拥戴，被推举为首领，率众起义。随后，南阳（今属河南）人马武、颍川（今河南禹县）人王常、成丹等亦聚众响应。义军以绿林山（今湖北京山北大洪山）为根据地，故称"绿林军"。

绿林军首先向王莽统治力量薄弱的附近乡村发展，数月内即组成一支八九千人的农民武装。

地皇二年（21）四月，王莽命荆州牧率精兵2万，前往绿林山围剿起义军。王匡等义军主动迎击，在云杜（今湖北京山）县境内大破莽军，歼敌数千，并缴获莽军全部辎重。随后，义军乘胜连克竟陵（今湖北潜江西北）、云杜、安陆（今湖北安陆西北），回师绿林山时，队伍已发展至5万人。

地皇三年，王莽遣太师王匡（与义军首领王匡同姓名）、将军廉丹率兵10万向东进攻樊崇等领导的活动于今山东一带的赤眉义军，同时，另遣将军严尤、陈茂率军进攻绿林军。

当时绿林山一带瘟疫流行，为离开疫区并避免同严尤军决战，绿林军乘赤眉军在成昌（今山东东平西）连挫莽军之机，分兵向外发展。一路由王常、成丹、张卬等率领，向西南进入南郡（今属湖北），号称"下江兵"；另一路由王匡、王凤、马武及朱鲔等带领，向北进入南阳郡（今河南南阳市），称"新市兵"。

七月，新市兵进攻随县（今湖北随州市），平林（今湖北随州）人陈牧、廖湛等数千人起义响应，称"平林兵"。当绿林军进军至春陵（今湖北枣阳南）附近时，刘縯、刘秀及李通、李轶等亦率宗族宾客子弟七八千人起事，号称"春陵兵"。

十一月，春陵、新市、平林三部合兵，在长聚（今河南唐河境）、棘阳（今河南南阳市南）等地接连获胜，刘縯乘胜围攻宛城（今河南南阳市），被莽军甄阜、梁丘赐军击败，于是退保棘阳。莽军留辎重于蓝乡（今河南泌阳境），精兵10万南临淯水（今河南泌阳境）。是时，王常等率领下江兵5000余人转战到宜秋（今河南唐河东南），准备与主力会师。

十二月，绿林军四部会合，夜袭蓝乡，击溃莽军10余万人，歼灭2万余人，斩杀其主将甄阜、梁丘赐。继而乘胜向西，在育阳（今河南新野北）击溃赶来增援的莽军严尤、陈茂部，严尤弃军而逃。义军大获全胜，俘获大批俘虏及辎重，队伍发展到10万余人。义军随即包围战略要地宛城。

二月，绿林军推举加入平林军的汉宗室刘玄为帝，建立政权，改元更始。绿林军建立政权后，力量壮大，士气高涨，在以主力包围宛城准备西出武关（今陕西丹凤东南）图取关中（指函谷关以西地区）的同时，另由王凤、王常、刘秀等率2万人，乘莽军严尤、陈茂部滞留颍川之际，向北推进，牵制莽军南下。

三月，王凤等先后攻克昆阳（今河南叶县）、定陵（今河南郾城西北）、郾县（今河南郾城西南）等城。王莽感到关中所受威胁严重，慌忙变更计划，将原先用于镇压赤眉军的莽军主力转用于南方，遣大司空王邑急至洛阳，会同王寻征发郡兵42万，号称百万，企图一举攻破宛城，歼灭绿林军。

五月，王邑军在颍川与严尤军会合，大军齐向宛城进发。王邑、王寻仗恃兵多势众，执意先破昆阳，再破围宛义军主力。遂使先行抵达昆阳之部，层层包围昆阳。义军由王凤、王常率八九千人坚守昆阳，刘秀等率13骑乘夜突出城门，前往郾县、定陵调集援军。王邑等挥军多次进攻，均被守城义军击退。

六月，刘秀率援军万余人赶到，先以千余人冲击王邑、王寻军，继率勇士三千名迂回至昆阳城西，猛攻王邑军指挥部。王寻、王邑仍恃众逞强，命其他各营按兵毋动，只率万余人迎战。王寻迎战不利被杀。城内义军适时出城夹击，莽军大乱。时遇大风雷雨，溃水（今叶县沙河）暴涨，莽军溺死数以万计，其余溃散，王邑只率数千人逃回洛阳。 王莽因主力被歼，调回镇压赤眉军的太师王匡、国将哀章固守洛阳；另遣都尉朱萌、右队大夫宋纲防守武关；再以九名将领，号称"九虎"，统率御林军数万人在华阴（今陕西华阴东）、回溪（今陕西华阴境）一带布防，企图固守洛阳、长安（今陕西西安市西北）要地。义军在昆阳大捷，攻克宛城后，稍事休整，即于八月分兵两路北攻洛阳，西夺关中。

义军王匡率主力一部北进，于九月攻占洛阳，俘虏太师王匡及国将哀章。申屠建、李松率部向西，兵临武关时，莽军守将朱萌已降于起义军。华阴"九虎"亦被邓晔等击败，"二虎"自杀，"四虎"逃亡，只剩"三虎"收集残兵，退保渭口（今陕西华阴北）京师仓。邓晔、于匡大开关门，迎接义军。李松率部3000人抵达湖县（今陕西潼关东）与邓晔合兵进攻京师。邓晔遣王宪率一部兵力北渡渭河，向长安北侧迂回，李松亦分兵一部由偏将军韩臣率领，向西进攻新丰（今陕西临潼东北）。王宪部所到之处，莽军望风归降。韩臣一举攻破新丰，并乘胜追击窦融至长安。义军兵临京师，当地民众纷起响应，未待义军攻城，各部民众已破城而入。王莽效法秦二世武装囚徒充军不成，被义军及群众重重包围在渐台（位于未央宫沧池中）。王邑等相继丧命，王莽被商人杜吴杀死。新莽政权灭亡。

更始二年一月，绿林军拥立的更始帝刘玄迁都长安。

■故事感悟

绿林起义推翻了新莽政权，给地主阶级以沉重的打击，使西汉后期严重的社会危机得到暂时的缓和。刘秀窃取农民战争的胜利果实，建立了东汉政权。绿林起义促进了历史的进步和发展。

王莽篡位

王莽能篡权成功，一方面是他个人努力的结果，另一方面是皇太后王政君帮了他，再就是日暮西山的西汉王朝到了气数已尽的时候。

王莽的一生可分为代汉自立前后两个阶段。代汉自立前，王莽也算是费了一番苦功，从王氏集团里一个小喽啰的身份，混成了后来的大司马，之后才能篡权夺位。王氏集团的形成，最早可以追溯到汉宣帝时期的王政君入宫。这个后来为患西汉朝政三十余年的外戚集团的核心人物，在初进宫时，并不是一个受宠的嫔妃，她被选入宫的目的，仅仅是为了传宗接代。王政君在受"幸"怀上后来的汉成帝刘骜之后，开始深居冷宫，与刘骜一起，难得见汉元帝刘奭一面。熬了18年后，太子之位差点被废的刘骜终于即位称帝，生母王政君也就自然成为皇太后，自此开始，以皇太后王政君为首的王氏集团，把持了大汉帝国的权柄。这时的王莽一家，没有因为王氏的当政而获得时来运转的机会，仍然过着孤贫寒酸的生活。王莽在家里恭谨地侍奉寡母和寡嫂，教育亡兄留下的侄儿。不过，素有志向的王莽时刻准备进入官场一展才华。所以，在社会上他广交名人儒士，在家族里他小心翼翼地侍奉执掌朝廷大权的伯父与叔父，逐步赢得了王凤的好感。这位权臣弥留之际嘱托王政君和汉成帝授给王莽一官半职。王政君答应了，于是王莽做了黄门郎，不久升为射声校尉。

小心谨慎的王莽，又得到了叔父成都侯王商的侧目，王商上书汉成帝，愿分自己的鹿邑以封王莽。王商摇旗，长乐少府戴崇、侍中金蛇、胡骑校尉箕闳、上谷都尉阳并、中郎陈汤等一班名士在一旁擂鼓，终于让汉成帝封王莽为新都侯，晋官为骑都尉光禄大夫侍中。骑都尉是个武官，秩俸与射声校尉相同。光禄大夫和侍中都是加官。加上光禄大夫一官，便可参与朝政，议论国家大事；加上侍中一官，便可在皇帝左右侍奉。年方30岁的王莽，开始进入了朝廷的权力中枢。

为了进一步巩固自己的位置，王莽费尽心机，让女儿成为汉平帝的皇后。不久，王莽便获得了"宰衡"的称号，位列上公。王莽十分得意，让御史给他刻了一枚"宰衡太傅大司马"的印章。

已生篡位之心的王莽，发现日渐长大的汉平帝对自己不满，将会成为自己代汉称帝路上的一个绊脚石，于是便先下手为强，鸩杀了平帝，拥立年仅两岁的刘婴做"孺子"，自己做起"摄皇帝"。王莽代汉自立之心，已是路人皆知，年迈的太皇太后有名无权，已经没有什么力量阻止王莽代汉自立了。

公元8年，梓潼县一个无赖哀章见王莽有代汉而立之势，决定来一次大的政治冒险。他伪造了两个铜匮，一个上写着"天帝行玺金匮图"，另一个上写着"赤帝行空某者传予皇帝金策书"。"某者"，指汉高祖刘邦。书中说，王莽继汉而立，为真天子，太皇太后应尊奉天命。图、书中都写着王莽8位大臣的名字，又自造了王兴、王盛两个名字，还有他自己的名字，说这11个人是新王朝的辅佐。一天黄昏，哀章穿着黄衣，跑到汉高祖刘邦的祀庙，把两个铜匮交给仆射。仆射马上报告王莽。次日清晨，王莽郑重其事地来到高庙，拜受铜匮，又戴上皇冠去见太后，说明自己将承天命代汉而立。然后，来到未央宫前殿，在皇帝的宝座上坐下来，宣布自己代汉而立，定国号为"新"。

□文苑拾萃

穷凶极恶

穷：极端。形容极端残暴凶恶。

成语出处：穷他极恶，流毒诸夏。《汉书·王莽传赞》

成语故事：西汉末年，王莽凭借国丈的身份，改国号"新"，声称变法，他实际是在复古，使农业与商业受到很大的打击。他实行残暴统治，搜刮民脂民膏，大肆搜集民间美女进宫，把长安城闹得鸡犬不宁。《汉书》评论他是穷他极恶，流毒诸夏。

杜弢领流民暴动

杜弢（？—315），西晋末，荆、湘地区巴蜀流民起义军首领，字景文，蜀郡成都（今四川成都）人。初以才学著称，州举秀才，后为醴陵令。

永嘉五年（311年），湘州刺史荀眺欲尽诛流民，四五万家流民愤而皆反，共推有声望的杜弢为主。弢自称梁、益二州牧、平难将军、湘州刺史，率众攻长沙（今属湖南），擒荀眺，击破广州刺史郭讷部属的进攻。

永嘉六年（312年），晋荆州刺史王澄屡攻杜弢，均被起义军击败。晋琅琊王司马睿派遣周𫖮接任荆州刺史。

建平流民傅密等投奔杜弢，杜弢别将王真袭沔阳（今湖北沔阳西南），周𫖮失守。晋征讨都督王敦遣武昌太守陶侃、寻阳太守周访、历阳内史甘卓诸军共同镇压杜弢起义军，王敦进屯豫章（今江西南昌）为诸军后援。建兴元年（313）八月，杜弢围周𫖮于浔水城，陶侃让明威将军朱伺救援，杜弢退保泠口。陶侃随即又遣朱伺迎击杜弢，丁赴武昌之路，大破义军，杜弢撤归长沙。陶侃继周𫖮任荆州刺史，屯沔江（今湖北武汉汉阳西南）。十月，陶侃又率周访等进攻杜弢，再破义军。

建兴二年（314年）三月，杜弢部将王真袭陶侃于林障（今湖北汉阳县东北汉江南岸），陶侃撤往漅中（今湖北孝感、黄陂二县以南）。周访救援陶侃，击败杜弢军。建兴三年（315年）二月，王敦命陶侃、甘卓等进攻杜弢，前后数十战，起义军伤亡很大，杜弢向司马睿请降，司马睿任命其为巴东监军。然而，晋军诸将依旧不断进攻，杜弢愤怒，杀晋前南海太守王运，重新起义。遣部将杜弘、张彦杀临川史谢擒，攻陷豫章。三月，周访击张彦，杜弘奔临贺（今广西贺县东南贺街）。八月，陶侃与杜弢相攻，杜弢部将王真阵前投降，起义军溃散，杜弢逃走，死于途中。陶侃与南平太守应詹进占长沙。

历时四年的杜弢流民起义失败。

■故事感悟

杜弢起义虽然失败了，却给予西晋统治者以沉重的打击。杜弢带领流民敢于革命的精神，也永远值得我们缅怀！

■史海撷英

荫客制

"荫客制"是两晋时期有关户籍的一项法令规定。西晋占田令规定官吏可以按照品级的高低荫庇亲属，多者可以至九族，少者可以荫三世。宗室、国宾、先贤后人及士人的子孙待遇相同；除荫亲属外，还可以荫衣食客及佃客，六品以上可以荫衣食客三人，七、八品可荫二人，九品及御前护卫可荫一人；一、二品可荫佃客五十户，三品可荫十户，四品可荫七户，五品可荫五户，六品可荫三户，七品可荫二户，八、九品可荫一户。荫客制使官僚荫客受到法律保护，西晋在荫客制普遍推行的同时又规定了荫客的数量，即国家在承认荫客的同时又试图在一定程度上加以限制，但是这种限制并没有完全起到作用。西晋时期，大官僚荫客众多，大大超过了法令允许的数量。至东晋，南北大族荫客现象也十分严重，达到毫无限制的程度，以致政府和大族在争夺劳动力方面形成激烈矛盾，出现了南北两方检括户籍的行动。

■文苑拾萃

陶侃故居

晋代都督陶侃故居陶公山，位于湖南省湘潭市市区石嘴垴。陶侃曾在山上建有小茅屋，并在周围开荒种菜。茅屋的前左侧有块洼地，积雨水而成池，是陶侃饮用汲水的地方。因常有猫儿在池边捕捉小鱼，故名"猫儿池"。茅房后面的小山沟上有石砌小桥，后人称为"陶公桥"，后被毁。

陶公山临湘江一面都是红砂石岩，石峰隆地向湘江伸展，宛如壶嘴，故名"壶山"，故称"石嘴垴"。从远处眺望伸向湘江的石嘴上颌，形态壮丽，好像怒吼的雄狮，俗称"狮子口"。石山嘴上有株碧梧，梧桐树后面便是陶侃的衣冠墓和墓房前的小花园。

陶侃的衣冠墓建于元初，葬墓建造虽然简陋，却很威严。从江边沿石级而上，靠左围墙有双合墓庐门，门框上嵌有石匾，上刻"陶公墓室"四字。进门右道一排三间青瓦平房，是守墓人的住所。墓前石栏杆，栏杆左右有石柱，上刻"媲衡山千秋不朽，偕湘水万古流芳"的对联。石栏杆前有石香炉、石方桌和"鼓形"石凳。墓前的小花园也很别致，除常绿灌木外，还按季节栽有多种蔬菜，借以悼念陶侃。

由于战乱，部分古迹已毁。但陶侃的主冠墓保存完好，墓碑上所刻的"晋都督陶桓公墓"七个大字，依然清晰可见。

孙恩领导浙东农民起义

孙恩（？—402），为东晋五斗米道道士，起义军首领，字灵秀，祖籍琅琊（今山东胶南县境南）。家族世奉五斗米道，是永嘉南渡世族。东晋隆安二年（398），爆发王恭之乱，孙泰被杀，孙恩逃走，聚众百余名立志为孙泰复仇。元兴元年（402）三月，孙恩进攻临海失败，跳海自杀。

淝水之战后，东晋外部威胁暂时消除，孝武帝满足偏安局面，摄政的会稽王司马道子专权，政刑谬乱，朝中党派林立，互相倾轧，朝政腐败，不断爆发流血斗争，浙东地区赋役苛重。新安太守五斗米道教主孙泰，企图利用传道聚众反抗东晋朝廷，被司马道子诱杀。其侄孙恩逃入海岛翁州（今浙江舟山群岛），聚众百余人，伺机复仇。

孙恩一家世世代代信奉五斗米道。五斗米道是东汉顺帝时由张陵创立的，信教的人要交五斗米，用做相互帮助的基金。东晋末年，浙东一带的农民被剥削得贫困不堪，信教的群众越来越多。

隆安三年十月，孙恩乘朝廷强征"乐属"（晋廷征调浙东诸郡免奴为客者以充兵役），引起浙东社会骚乱之机，登陆攻克上虞（今属浙江），袭会稽（今浙江绍兴）；十一月，俘杀会稽内史王凝之，自称征东将军。会稽、吴郡、吴兴、义兴、临海、永嘉、东阳、新安等八郡（今江苏、浙江境）纷起响应，很快义军人数发展至数十万。晋廷急命卫将军谢琰、辅国将军刘牢之率领北府军前往镇压。义军兵败，于十二月退回海岛。

四年（400）五月，孙恩从浃口（今浙江镇海东南甬江河口）登陆，攻克余姚（今属浙江）、上虞，进而进攻邢浦（今浙江绍兴东）、会稽，转攻临海，与晋军激战。十一月，晋宁朔将军高雅之大败，孙恩军追击至山阴。东晋朝廷大震，再命刘牢之统率北府兵、都督浙东五郡兵对义军反攻。孙恩为避其锋芒，再退入海岛。

五年二月，孙恩再以水军袭句章（今浙江宁波南鄞江南岸），未攻克，又退回海岛。三月，孙恩北趋海盐（今属浙江），败于刘牢之部将刘裕；五月，转而攻占沪渎（今上海吴淞江）乘胜沿长江西进。六月，抵京口（今江苏镇江），逼近建康（今南京）。东晋朝廷急调江北诸郡官军及在浙东的刘牢之所部北府兵拱卫京师。孙恩畏惧，暂弃进攻建康计划，一面派兵袭占江北重镇广陵（今江苏扬州西北），一面率主力浮海北上，攻占郁洲（今江苏连云港市东云台山，当时隔江在海中），生擒高雅之。八月，义军与刘裕所部晋军激战，孙恩又失利，损伤惨重，被迫沿海南撤，第四次撤回海岛。

元兴元年（402）三月，义军在进攻临海作战中，严重受挫，孙恩丧失信心，投水自尽，家人、部下跟随投水者百余人。余众数千人推举其妹夫卢循为首领，继续坚持抗晋斗争。

孙恩领导的浙东农民起义坚持战斗了12年，转战东南沿海各地，沉重地打击了东晋的统治，使它一蹶不振，一步步走向灭亡。

元兴元年三月，孙恩投海自尽后，卢循率义军余部数千人继续坚持斗争。桓玄攻进建康执掌东晋朝权后，为安抚浙东，以卢循为永嘉太守。卢表面受令，暗自扩展势力。五月，卢循入东阳（今浙江金华），被刘裕击败。元兴二年，卢循派徐道覆率军进攻东阳、永嘉（今浙江温州），被东晋建武将军刘裕击败，由海道南撤。三年十月，卢循攻克番禺（今广州市）、始兴（今广东韶关西南），自称平南将军，摄广州事。刘裕平桓玄之乱后控扼东晋朝政，于义熙元年（405）四月任命卢循为广州刺史，卢循姐夫徐道覆为始兴相。义熙六年（410）春，卢循和徐道覆乘刘裕北伐南燕，后方空虚之机，实施北征。

两军在始兴会合，然后分东西两路北上，进入湘州（今长沙）与江州（今江西、九江西南）诸郡，一路势如破竹，擒斩镇南将军何无忌，大败荆州刺史刘道规和豫州刺史刘毅等。义军10余万人，声威大震。徐道覆力主东进，卢循犹豫数日才勉强同意，遂自桑落洲（今江西九江东北）进抵淮口（今江苏南京西北秦淮河口），逼近兵力不过数千人的建康，建康城内人心震恐，内外戒严。

刘裕闻讯，自北伐前线急返京师，部署防卫。卢循优柔寡断，贻误战机，义军兵临建康近两月，兵疲粮乏，被迫于七月初南还浔阳。十二月，被刘裕追及，大破于大雷（今安徽望江）、左里（今江西都昌西北左蠡山下），被迫转而南向始兴、番禺撤退。义熙七年二月，晋将孟怀玉攻破始兴，义军骁将徐道覆战死。卢循率余部至番禺，但该城已为刘裕部将孙处由海道袭取，遂于四月退至交州（今越南北宁省仙游东），遭火攻兵败，投水自杀，起义失败。

□ 故事感悟

孙恩等起义是中国农民战争中首次使用水军作战，义军数次威胁东晋都城建康，动摇了东晋的统治基础。但由于没有建立稳固的后方根据地，作战指导上几次错失有利战机，在晋军的反扑中，义军几次退回海岛，使已取得的战果不能巩固，起义最终被东晋统治者镇压下去。

孙恩与五斗米教

五斗米教徒信奉长生久视之道，信仰天、地、水三官，尤其相信水仙。孙恩以五斗米教组织起义，动摇了晋室的封建统治，也引起了南北朝时期道教上层人物寇谦之、陆修静对道教的"改革"和南北天师道的出现。《隋书·经籍志》著录有《孙恩集》五卷，已佚。

五斗米教的起源

五斗米教（天师道）是道教早期的重要流派。关于它的起源，学术界有两种观点：传统认为，五斗米教是张陵于126至144年（东汉顺帝时）在四川鹤鸣山创立的。但当代学者任继愈主编的《中国道教史》和樊光春先生著的《陕西道教2000年》则认为，五斗米教实际上由张修在184年（东汉灵帝中平元年）之前创立于汉中。

据《三国志·张鲁传》注引《典略》概述张角、张修的学说记："熹平中，妖贼大起，三辅有骆曜。光和中，东方有张角，汉中有张修。骆曜教民缅匿法，角为太平道，修为五斗米道。太平道者，师持九节杖为符祝，教病人叩头思过，因以符水饮之，得病或日浅而愈者，则云此人信道，或其不愈者，则为不信道。修法略与角同，加施静室，使病人处其中思过；又使人为奸令祭酒，祭酒主以《老子》五千文。使都习，号为奸令。为鬼吏，主为病者请祷。请祷之法，书病人姓名，说服罪之意。作三通，其一上之天，著山上，其一埋之地，其一沉之水，谓之三官手书。使病者家出米五斗以为常，故号曰五斗米师。"

赵广率领巴蜀农民起义

赵广（？—439年），伍城（今四川中江东南）人。南朝宋元嘉年间起义军将领。

南朝宋元嘉九年（432），益州刺史刘道济聚敛兴利，伤政害民，立官冶禁私铸，贵卖铁器，民众怨声载道。

七月，流民许穆之诈称晋宗室司马飞龙，得氐王杨难当资以兵力，又招募蜀人，共得千余人。遂攻杀巴兴令，驱逐阴平太守，刘道济派兵击斩之。

五城（今四川中江东南）人帛氐奴、赵广假称司马飞龙犹在阳泉山中，聚众得数千人，往攻广汉（今四川广汉北）。刘道济遣参军程展会同治中李抗之率500人击之，皆战死。巴西人唐频聚众响应，与赵广等攻陷涪城（今四川绵阳东）。涪陵、江阳、遂宁诸郡守皆弃城逃去，蜀地民众和外地侨民皆反。

九月，赵广等进攻成都（今属四川），刘道济据城自守。赵广部众屯聚日久，不见司马飞龙，欲散去。赵广遂拥阳泉寺道士程道养冒充司马飞龙，立为蜀王，建元泰始，备置百官。以程道养之弟程道助为骠骑将军，镇涪城；赵广、帛氐奴、梁显及其同党张寻、严遐皆为将军，拥奉程道养还成都，众至十余万，四面围攻该城。刘道济遣中兵参军裴方明、任浪之各率千余人出战，皆败。

十二月，裴方明等再次出城，攻破程道养军营，焚其积聚。刘道济劝降赵广部将杨孟子，约期内外夹击，为赵广所知，遣将追斩杨孟子。裴方明又率兵出战，屡获胜，赵广部众大溃。程道养收集散卒得7000人回到广汉，赵广另率5000余人回到涪城。成都城内粮尽，裴方明率2000人出城寻找军食，为赵广部所败，单马逃走。于是，赵广部军心大振，散而又聚在一起。刘道济悉倾所有家财，令裴方明招募兵员，应募者每日有千余人。

翌年二月，刘道济病死，裴方明等密埋其尸而不使人知，并乘程道养于毁金桥祭天之机，率3000人出城袭之。程道养等大败，退保广汉。宋荆州刺史、临川王刘义庆以巴东太守周籍之督巴西等五郡诸军事，率2000人援救成都。三月，赵广等自广汉至郫县，连营以百数。周籍之与裴方明合兵，攻克郫，继而攻击赵广等于广汉，赵广等逃回涪城及五城。五月，裴方明进军涪城，起义军战败，赵广等奔散。九月，程道养率2000余家逃入广汉山谷中。起义终于失败。

▊故事感悟

赵广带领着农民起义军英勇作战，反抗南朝宋时统治者的残酷剥削，起义虽然失败了，却撼动了南朝宋王朝的统治地位。

▊史海撷英

元嘉之治

宋文帝在位期间，提倡文化，整顿吏治，清理户籍，重视农业生产。

他于元嘉十七年、二十一年两次下令减轻以至免除农民积欠政府的"诸逋债"。江左自东晋义熙十一年至文帝统治末年（415—453），"役宽务简，民庶繁息"，三十多年中相对安定，所以旧史常称"元嘉之治"。但元嘉末年，北魏军队在江淮间一进一出，江南地区经过大规模战乱，邑里萧条，版籍大坏，所谓"元嘉之治"从此结束。

□ 文苑拾萃

北伐诗

刘义隆

季父鉴祸先，辛生识机始。
崇替非无征，兴废要有以。
自昔沦中畿，倏焉盈百祀。
不睹南云阴，但见胡尘起。
乱极治方形，涂泰由积否。
方欲涤遗氛，矧乃秽边鄙。
眷言悼斯民，纳隍良在己。
逝将振宏罗，一麾同文轨。
时乎岂再来，河清难久俟。
骀驷安局步，骐骥志千里。
梁傅畜义心，伊相抱深耻。
赏契将谁寄，要之二三子。
无令齐晋朝，取愧邹鲁士。

北魏盖吴起义

盖吴（418—446），北魏关中农民起义军首领。北地卢水胡人。

北魏太平真君六年（445年）九月至次年八月，不堪北魏统治的盖吴于杏城（今陕西黄陵西南）聚众反魏，拥众十余万，遣使上表依附南朝宋。盖吴自称天台王，下设文武百官。十月，魏长安镇副将拓跋纥领兵攻盖吴，纥战死。魏太武帝拓跋焘又征发高平敕勒部的骑兵赴长安（今西安西北），命将军叔孙拔统领并（今太原西南）、秦（今甘肃天水）、雍（今山西永济西南）三州兵马屯于渭水之北，共御盖吴军。

十一月，盖吴遣另一支部队的统帅白广平进攻新平（今陕西彬县），安定（今甘肃泾川北）诸胡群起响应；盖吴又分兵攻临晋（今陕西大荔东南）以东，为魏将章直部击败，溺死于黄河者三万余人。盖吴又西向长安发展，在渭北被魏将叔孙拔部击败，死三万余人。

时迁居于河东（今山西永济西南）蜀人薛永宗聚众响应盖吴，袭击闻喜（今属山西），被当地地主武装所击退。魏帝命薛拔纠合宗族百姓，列营于黄河沿岸，阻断盖吴和薛永宗两部义军往来之路；又使殿中尚书拓跋处直等率两万骑攻薛永宗，殿中尚书乙拔率三万骑攻盖吴，西平公寇提率万骑攻白广平。

次年正月，魏帝领军至东雍州（治今山西临汾）围薛永宗城堡，乘北风迅疾，大破薛永宗部，永宗与家人皆投汾水而死。魏帝南至汾阴（今山西万荣西南），渡河至洛水桥，听说盖吴在长安北，即沿渭水南岸西进，抵达戏水（今陕西临潼东北）。

盖吴得讯，散入北地山。二月，魏帝至长安，经熬厘（今陕西周至东），历陈仓（今陕西宝鸡市东），还至雍城（今陕西凤翔东南），所过之处，尽杀与盖吴有通谋者。乙拔等诸军于杏城大破盖吴义军，盖吴遣使向宋求援。宋文帝刘义隆以盖吴为都督，关、陇诸军事、雍州刺史、北地公，并使雍、梁二州陈兵于边境，以为声援。

五月，盖吴收集所部兵马聚于杏城，自号秦地王，声势复振。魏帝又遣永昌王拓跋仁、高凉王拓跋那督长安以北诸军进攻盖吴。六月，北魏发冀、相、定三州兵2万人，屯于长安南山诸谷，以防盖吴逃逸；又发司、幽、定、冀四州兵10万修筑京畿外围要塞，广纵千里，以堵击盖吴。八月，高凉王拓跋那击破盖吴，俘其二叔，予以收买。不久，盖吴被其叔所杀（一说在作战时中流矢而亡）。拓跋仁又击败白广平、路那罗等义军。至此，盖吴起义失败。

■ 故事感悟

盖吴在反魏起义过程中，缺乏有力的作战指导，东冲西突，未能占据有利阵地以作进退的屏障，义军兵力分散，河东、河西两路主力未能及时联合，使魏军得以各个击破。

■ 史海撷英

魏灭北凉

始光三年（426），魏太武帝拓跋焘决定对外用兵，以振国威。他率领鲜卑族人一举攻下长安（今陕西西安市）。始光四年（427），又攻破夏国都城统万（今陕西榆林），乘胜追击，于次年俘获夏国国主赫连昌，到神䴥（音jiā）四年（431），终于攻下夏国都城平凉（今甘肃华亭县西），灭掉夏国，大胜而归，占领了关中地区。

西定以后，又于次年，即延和元年（432），出兵东征后燕国，兵围燕国都城龙城（今辽宁北票市南），尽管未立即破城，但威势不减，终于在四年后灭了后燕，从此整个辽河流域归于魏国版图。太延五年（439），拓跋焘再次西征，发大兵攻伐北凉，九月，魏兵攻至姑臧（今甘肃武威市），北凉主沮渠牧健出降，北凉宣告灭亡。自此，北方的分裂局面结束，黄河流域一统于北魏政权之下，民众也因此稍觉安定。

■文苑拾萃

北魏太武帝东巡碑

北魏太武帝东巡碑虽早见诸于文献，但是直到1935年学界才得见拓本，现在原碑已毁，遂成绝响。

北魏太武帝东巡碑，碑额原题《皇帝东巡之碑》，郦道元《水经注》卷十一滱水注徐水条称此碑作《御射碑》，是北魏定州地方官为纪念太武帝拓跋焘结束东巡、回归平城时于路演示神射而立，故碑名可两存之。

史籍最早提到北魏太武帝东巡碑，是郦道元的《水经注》。郦书之后，宋代乐史《太平寰宇记》卷六七易州满城县条，也曾提及此碑，称引的内容有溢出郦书者。此后东巡碑湮没无闻将近千年，直到1935年，由徐森玉先生在河北易县觅得原碑，把20份拓本带回北平。次年傅增湘、周肇祥也前往摹拓，东巡碑才重新现身，为艺林所重。罗振玉、寿鹏飞、傅振伦等，都曾先后据拓录文。但是拓本都仅拓碑阳文字，不及碑阴，而郦道元称"碑阴皆列树碑官名"，文字之繁多，当逾于碑阳。可能当时石碑已风化严重，碑阴文字漫漶难识，无法拓取。

东巡碑立于今易县南管头之南画猫村滱河（古徐水）西岸。2002年3月，此碑已于20世纪60年代从南画猫移至南管头，下落不明。近年有人终于发现了该碑的残片若干块，证实此碑已经破碎。

北魏破六韩拔陵起义

　　破六韩拔陵（？—525），北魏末六镇起义首领。破六韩又作破六汗或破落汗，为潘六奚的异译。匈奴单于之后裔。原居沃野镇（今内蒙古五原东北）为镇民。北魏迁都洛阳后，镇将兵士受鲜卑族和汉族大地主的排抑，身份低落。孝明帝正光四年（523），柔然南侵，怀荒镇（今河北张北县）兵民缺粮，为索取仓粮，聚众攻杀镇将。次年春，他率沃野镇民杀镇将，年号真王，赫连恩、胡琛等六镇军民响应，形成大规模起义。

　　魏初，北魏为防御北方柔然攻扰，在平城（今山西大同东）以北自西而东设置六个军事重镇，并派鲜卑贵族任镇将。六镇居民多是发配而来的犯人和强迫迁居至此的各族人民，倍受镇将奴役和压迫。加之连年灾荒，民不聊生。因此，镇将与居民的矛盾日益加剧。

　　北魏正光四年（523）二月，柔然饥荒严重，求魏援救，未得满足，遂于四月入魏境剽掠。怀荒镇（今河北张北境内）居民向镇将、武卫将军于景请求赈济，遭拒绝，遂怒杀于景。不久，沃野镇居民匈奴人破六韩拔陵聚众反魏，杀镇将，改元真王。

邻近诸镇各族人民纷起响应。破六韩拔陵领兵南攻，另派部将卫可孤率军围攻武川（今内蒙古武川西）、怀荒二镇。北魏急忙调兵遣将，镇压义军。怀朔镇（今内蒙古固阳西南）镇将杨钧以贺拔度拔为统军，以其三个儿子贺拔允、贺拔胜、贺拔岳为军主，率军抵御起义军。

五年四月，高平镇（今宁夏固原）人赫连恩等造反，推举敕勒族酋长胡琛为高平王，攻高平镇以响应破六韩拔陵，遭魏军反击北走。卫可孤攻陷武川、怀朔二镇，擒贺拔度拔及其子。

五月，破六韩拔陵与魏临淮王元或战于五原（今内蒙古包头西北），大胜。起义军乘胜击败魏将李叔仁部，占领白道（今内蒙古呼和浩特西北）。魏孝明帝元诩遂以尚书令李崇为北讨大都督，率军进攻起义军。

七月，破六韩拔陵与魏将崔暹部战于白道，大败之。又攻李崇部，迫使李崇退还云中（今内蒙和林格尔西北土城子），遂与之相持。

十月，北魏为镇压起义军，请求柔然出兵。六年，在柔然10万部众支援下，北魏军将破六韩拔陵等起义军镇压下去。

■故事感悟

破六韩拔陵等六镇起义，沉重地打击了北魏的统治，给后续的起义军铺平了道路，加速了北魏的灭亡。

■史海撷英

柔然崛起

三世纪中叶，柔然的最高统治集团郁久闾氏之始祖木骨闾，原是被拓跋鲜卑掠获的奴隶，后免奴为骑卒。三世纪末，猗卢总摄拓跋三部时，木骨闾因"坐后期当斩"罪，"亡匿广漠溪谷间"，并集合逃亡者百余人，依附游牧于阴山北意辛山一带的纥突邻部。木骨闾，一说为"首秃"（或指髡头）之意，由于"木骨闾与郁久闾声相近，故后子孙因以为氏"。木骨闾死后，其子车鹿会不断兼并其他部落，拥有不少部众和财富，成为世袭贵族，以"柔然"自称。役属于拓跋鲜卑，"岁贡马畜貂豽皮。冬则徙度漠南，夏则还居漠北"。

正如崔浩所云："夏则散众放畜，秋肥乃聚，背寒向温，南来寇抄。"车鹿会死后，经吐奴傀、跋地，至地粟袁卒，其部分为东西二路：地粟袁长子匹候跋继父，居今内蒙古自治区河套东北、阴山以北一带原柔然游牧地；缊纥提所统的西部，从河套向西扩展到今内蒙古额济纳旗一带。代国被苻坚灭后，柔然曾一度依附于朔方塞外的铁弗匈奴刘卫辰部。

拓跋珪恢复代国称魏后，于北魏登国六年（391）向柔然发动进攻，匹候跋和缊纥提率部降魏。后缊纥提之子社仑杀匹候跋，尽并其部，掠五原以西诸郡，远遁漠北。此时，正值北魏建国初期，拓跋氏锐意进取中原，与后秦、后燕、西秦以及南燕、南凉等政权互争雄长，无暇北顾，因而给柔然的发展以有利时机。

社仑攻破敕勒诸部落，据鄂尔浑河、土拉河一带水草丰茂的地区，势力益振。接着又袭破蒙古高原西北的匈奴余部拔也稽，尽并其众。整个蒙古高原和周围诸民族纷纷降附。柔然统一漠北后势力所及："西则焉耆之地，东则朝鲜之地，北则渡沙漠，穷瀚海，南则临大碛。"即东起大兴安岭，南临大漠，与北魏相峙，西逾阿尔泰山，占有准噶尔盆地，与天山以南的焉耆接界，北至今贝加尔湖，"尽有匈奴故庭，威服西域"。柔然"常所会庭则敦煌、张掖之北"，即在今鄂尔浑河东侧和硕柴达木湖附近。

■文苑拾萃

柔然语言文字

柔然统治集团源于东胡拓跋鲜卑，语言基本上同于鲜卑语，属阿尔泰语系蒙古语族。但由于建立政权后，氏族、部落庞杂，也不免受到属突厥语族的敕勒语等影响。

柔然早期无文字，不识书契。《宋书·索虏传》云：柔然"不识文书，刻木以记事，其后渐知书契，至今颇有学者"。但后期有些大臣可能会使用汉字书写来往信件。如据《南齐书·芮芮虏传》载，柔然国相邢基祗罗回曾遣使奉表南齐，表大概是用汉文书写，其格式与所引典故似均出汉族士大夫之手。有两种可能，一是邢基祗罗回精通汉文；二是由在柔然的汉族士大夫执笔，说明汉文化已对柔然产生一定影响。

《南齐书》还提到刘宋时，国相希利垔"解星算数术，通胡、汉语"。由于南北朝期间，无论是北魏或北齐、北周均通行汉语，从阿那瓌任命南齐人淳于覃为秘书监黄门郎、专掌文墨亦可略见一斑。

隋末瓦岗农民起义

> 翟让（？—617），隋末农民起义中瓦岗军前期领袖，隋东郡韦
> 城县人，骁勇有胆略。初为东郡法曹，犯法亡命至瓦岗（今河南滑
> 县东南），率众起义。单雄信、徐世勣等人响应，众至万余，所部多
> 为渔猎手，善使长枪。

隋朝末年，政治腐败，军阀割据四方，基层官吏欺上瞒下征敛无度，民夫转输不息，徭役无期，士卒多列沟壑，骸骨遍及平野。黄河之北千里无烟，江淮之间则成蒿莱。加之灾年饥荒，粮价猛涨，百姓困苦。在无法生存的情况下，农民揭竿而起反抗隋朝统治。

在614年到617年间，农民起义的风暴已席卷全国大部分地区，先后在全国各地兴起的起义军大小不下100支，参加的人数达几百万。后来，农民起义军汇成三支强大反隋主力：一支是河南的瓦岗军；一支是河北的窦建德军；一支是江淮地区的杜伏威军，其中最大的是瓦岗军。

瓦岗军起义领袖翟让，韦城（今滑县）人，原是衙门法曹小吏，因放走无辜"罪犯"，被判死刑，入狱待毙。狱吏黄君汉看他气度不凡，

将其放出，劝他举大事。翟让回家与其兄翟弘、侄摩侯、友王儒信奔瓦岗（今滑县东南），聚众起义。曹州单雄信、卫南（今滑县英公村）徐世勣、当地富户贾雄，皆聚瓦岗。他们杀赃官，开仓放粮，赈济贫民，民众大悦。当时有歌曰："扶着爷，搀着娘，携着儿女去瓦岗，瓦岗寨上吃义粮。"农民纷纷加入义军，义军很快发展至万人。

瓦岗军的迅速发展给军需带来困难。徐世勣献计："此地为公与乡土，人多相识，不宜侵掠。宋、郑两郡，地管御河，官旅运往不绝，若能截取，足以自资。"于是沿运河截获商旅公物，军旅大振。大业十年（614）十二月，翟让率兵攻克郑州、商丘等郡县，缴获大批军械物资，控制了从梁（开封）至黎阳（浚县）一段永济渠。

瓦岗军的行动，震动了隋王朝。大业十一年（615），朝廷令齐郡通守张须陀镇压瓦岗军。在力量悬殊的情况下，义军被迫撤离宋、郑，守瓦岗，转战树林沙丘之间，在广大农民的支持下，终于击退了张须陀。后韦城周文举、雍丘（今杞县）李公逸、内黄王伯当率部投瓦岗。

大业十二年（616），贵族出身的李密在参与杨玄感兵变失败后，流浪无着落，经王伯当介绍加入瓦岗军。李密识兵书，有谋略，很受翟让器重，翟让遇事与李密相商。为扩大根据地，瓦岗军继续向隋军出击。翟让率兵数千攻克韦城，占领东郡白马（今滑县白马墙），杀死郡太守；单雄信率军北上，连连攻下浚县、汤阴、内黄；李密率兵攻打濮阳、范县，至白堽（北有密城），扎寨为营。义军所到之处，农民纷纷响应，部众增至数万人。

大业十二年（616）十月，李密建议西取洛阳。单雄信率精兵3000人，绕道攻荥阳。翟让、徐世勣、李密率大军破金堤关（今荥阳东北），荥阳太守张庆告急，炀帝又命令张须陀为河南讨伐使，统率各路大军前去镇压。初对垒时，翟让有些担忧，李密说："须陀勇而无谋，既骄且狠，可一战而擒之。"李密与徐世勣、伯当伏于大海寺北林中，翟让先去引诱战，很快须陀急追过来，伏兵四起，前后合击，官军大溃，遂斩须陀于阵，副将贾务本受伤身死，部将秦叔宝（秦琼）、罗士信（即小说《隋唐演义》中的罗成）东窜奔投裴仁基。

大业十三年（617）春，瓦岗军决定袭取兴洛仓（又名洛口仓，在今巩县东南）。兴洛仓方圆20里有3000个地窖，存粮8000石，是隋朝最大的粮仓之一。翟让、李密选精兵七千，避开裴仁基据守的虎牢关，从荥阳南绕道阳城（今登封县），越过方山，从罗口直捣兴洛仓。兴洛仓守将邴元真猝不及防，率众投降。义军占领兴洛仓后，瓦岗军开仓放粮，赈济贫民，得到人民拥护，青年踊跃参加义军。山东宿城（今东平县）县令祖君彦叛隋归顺，义军很快发展至几十万，成为全国最强大的一支农民队伍。

兴洛仓失守，隋王朝惊恐万状，派遣虎贲郎刘长薛配合讨捕大使裴仁基进剿义军。义军英勇作战，在石子河一战大败官兵，刘长薛化妆逃回洛阳，仅免身死。裴仁基见大势已去，便率其子裴行俨和部将秦叔宝、罗士信投降瓦岗军。接着义军烧毁天津桥，攻陷丰都市，夺得了第二大粮仓——回洛仓，从此瓦岗军威震四方。

瓦岗军连战连捷，所向披靡，为进一步推翻隋王朝，急需建立政权。翟让认为李密的才能比自己高，情愿让位于李密。李密称魏公，改大业十三年（617）为永平元年，设元帅魏公府，置三司六卫，拜翟让为上柱国、司徒、东郡公。单雄信、徐世勣、房彦藻、邴元真、祖君彦等各有所封。扩仓城四十里，定都驻守。这时山东东阿县程知节（程咬金）、武阳（今大名县东）郡守元宝藏及幕客魏征等相继来投。史书记载："道路来降者，不绝如流，众至数十万。"李密选精兵八千名组成卫队，言可抵十万，由秦叔宝、程咬金、罗士信做骠骑统领。记室祖君彦写了一篇有名的檄文，列举炀帝十条罪状，中有："罄南山之竹，书罪无穷；决东海之波，流恶难尽"，号召广大民众推翻隋朝统治。

义军节节胜利，逼近洛阳，洛阳留守越王杨侗恐慌万状，急向江都求教。大业十三年七月，隋炀帝遣江都通守王世充统兵五万进剿，义军奋勇反击。两军相持百日，在黑石关、石子河、回洛仓等地打了60余仗，屡败官兵，王世充逃至别处，无面见杨侗。是年九月，李密派徐世勣率兵五千，会同河北、山东各路义军攻打黎阳仓（今浚县西南童山脚下），歼灭守敌，开仓放粮。饥民得救，欢腾雀跃，徐世勣得兵20万。隋朝各地官兵相继倒戈，隋王朝处在风雨飘摇之中。

就在瓦岗军势将灭隋的关键时刻，内部发生了分裂。平时李密结党拉派，培植私人势力，早为部下觉察，私下多有怨言，劝翟让自立，翟让从大局出发，以团结为重，说服众属。李密有所闻后嫉妒在心，于617年11月11日，借庆贺石子河战役胜利名义，设宴招翟让入席，暗使党徒蔡建德将翟让杀害。王儒信、翟弘、摩侯也同时遇害，徐世勣被砍伤，王伯当、单雄信叩头求饶，方得幸免。翟让被害以后，部将非常寒心，认识到李密原是个气度狭窄、忘恩负义之徒，所以离心日重，战斗力日衰，从此瓦岗军走向了下坡路，最后为王世充所败。

■故事感悟

瓦岗军是隋末农民起义中三大义军之一。经过八年浴血奋战，瓦岗军始举灭隋大旗，杀赃官，诛恶吏，开仓放粮，赈济贫民，深得广大人民拥戴，为推翻隋朝统治立下了不朽功勋。

瓦岗由来

翟让逃亡到瓦岗（今河南滑县东南），组织本地农民发动起义。同郡的单雄信、徐世勣（后来被李渊赐姓李，改名为李世勣，他与翟让起兵时年仅17岁）也都前往参加。他们以瓦岗为根据地，故称瓦岗军。他们在永济渠沿岸劫夺来往船只，以致"资用丰给，附者益众"，解决给养问题，力量迅速壮大，起义队伍逐步扩大起来，成为一支强有力的农民武装。

《隋唐演义》

《隋唐演义》为清代长篇白话历史演义小说，20卷，100回，70余万字。这是一部兼有英雄传奇和历史演义双重性质的小说。以隋朝末年农民起义为故事背景，讲述隋朝覆灭与大唐建立的一段历史演义。小说中塑造的人物个性鲜明，故事情节脍炙人口，其中的经典段落，经久不衰。

隋末窦建德起义

窦建德（573—621），隋贝州漳南（今山东武城漳南镇）人。世代务农，曾任里长，尚豪侠，为乡里敬重。隋炀帝募兵伐辽东时，建德在军中任二百人长。目睹兵民困苦，义愤不平，遂抗拒东征，并助同县人孙安祖率数百人入漳南东境高鸡泊，举兵抗隋。及后窦建德家人被隋军杀害，建德乃率部众二百人投清河人高士达的起事军队。

　　窦建德出生时，正是在北齐、北周的昏暴统治下，在山东门阀世族的残酷剥削压迫下度过童年。隋文帝统一全国时，窦建德已是17岁的青年了。窦建德家世代务农，自言为汉景帝太后之父安成侯窦充的后裔，家里稍有资产。

　　窦建德年轻时就"重然许，喜侠节"。有一次，乡人家中丧亲，因家贫无法安葬，当时窦建德正在田中耕种，闻而叹息，便将自家的耕牛给了乡人，让其发丧，结果很为乡里所敬重。还有一次，几个盗贼晚上到窦建德家抢劫，窦建德站在门边，待盗贼进屋后，先后打死三人，其余的盗贼吓得不敢再进，请求将三人的尸首要回，窦建德说："可投绳系取之。"盗贼将绳投进屋里，窦建德将绳系在自己身上，然后让盗贼拽出，窦建德随即跃起持刀，再杀数人，从此更加闻名。

此后，窦建德为乡里所归附，当了里长。隋文帝建仁寿宫，杨素主持营造，"夷山堙谷，营构观宇。崇台累榭，宛转相属"，日夜施工，役夫死者不计其数。隋文帝晚年，刑法严酷，有"命盗一钱以上皆弃市，行旅皆晏起晚宿，天下懔懔焉"，甚至"四人共盗一榱桷，三人同窃一瓜，事发，即时处决"，因而激起了人民的强烈反抗，迫使隋文帝废除"一钱弃市法"。窦建德"犯法亡去"，大约就在这段时间。这表明，他并没有充当官府的爪牙，而是敢于反抗苛法的人物。

隋炀帝继位后，大赦天下，免税五年，他才回到家乡。窦建德父亲死时，乡里送葬的有1000多人。人们赠送的财礼，窦建德一概不收。

隋大业七年（611），隋炀帝征兵攻打高句丽，窦建德应召入伍。本郡选勇敢优异者当领导，窦建德因勇敢被选为二百人长。当时，山东发大水，与窦建德同县的孙安祖家被大水淹没，妻儿饿死。县令见孙安祖骁勇过人，也将他选入军中。孙安祖向县令陈述自己家中贫困，不愿入伍。县令大怒，处以鞭刑。孙安祖气极，杀死县令，投奔了窦建德，窦建德暗中放孙安祖逃走。是年，山东大饥，窦建德对孙安祖说："今水潦为灾，黎庶穷困，而主上不恤，亲驾临辽，加以往岁西征，疮痍未复，百姓疲弊，累年之役，行者不归，今重发兵，易可摇动。丈夫不死，当立大功，岂可为逃亡之虏也？我知高鸡泊中广大数百里，芜蒲阻深，可以逃难，承间而出，掳掠足以自资。既得聚人，且观时变，必有大功于天下矣。"孙安祖依计而行。随后，窦建德帮助孙安祖聚集贫困农民和拒绝东征的士兵几百人，占据漳南县东境方圆数百里的高鸡泊（今河北故城西南），举兵抗隋。孙安祖自称将军，号"摸羊公"。

当时，清河鄃县（今山东夏津）人张金称纠集百余人，渤海蓓县（今河北景县）人高士达率千余人在清河一带起义，往来漳南一带，所过之处烧杀抢掠，唯独不去骚扰窦建德所在的村落。郡县怀疑窦建德与他们私通，逮捕并杀害了他全家。窦建德便率麾下200人投奔高士达，自称东海公。后孙安祖被张金称杀害，其部数千人尽归窦建德。从此，势力渐盛，壮大到万人，仍然往来于高鸡泊中。窦建德倾身接物，能与士兵同甘共苦，所以士兵也愿为其效死力。

大业十二年（616）十二月，隋涿郡通守郭绚率兵万余人攻打高士达。高士达认为自己智略不及窦建德，便以窦建德为军司马，让其指挥作战。窦建德掌管兵权后，想树立自己的威信，便提议由高士达留下看守辎重，自率精兵7000人前去抵抗郭绚。

窦建德用计，假称与高士达不和前来投奔，郭绚心怀疑虑。同时，高士达也四处宣称窦建德背信弃义投降隋军，并将俘获来的一名妇女当作窦建德的妻子，在军中杀掉。窦建德派人给郭绚递上降书，并说自己愿意作为先锋，带郭绚去攻打高士达。郭绚相信了窦建德，率兵随建德至长河地界与窦建德相会，共图高士达。郭绚部放松了对窦建德的戒备，窦建德抓住战机，发起突然袭击，大破郭绚军，杀其数千人，获马千余匹，并将逃跑的郭绚斩首。自此，窦建德所率义军兵威大振。

大业十三年（617）正月，窦建德在河间郡乐寿（今河北献县）筑坛，自立为长乐王，年号丁丑，开始设置百官，分治郡县。窦建德率兵攻占信都（今河北冀县）、清河诸郡，并俘杀隋将杨善会于清河。

七月，隋炀帝为解瓦岗军急攻东都之围，命左御卫大将军涿郡留守薛世雄领三万幽、蓟精兵南下，会同王世充等驰援洛阳，"所过盗贼，随便诛剪"。王世充等诸将皆受世雄节度。薛世雄部队进占七里井（今河北河间南）准备进攻刚刚在乐寿称王的窦建德。

当时，窦建德军在乐寿周围各县分散收麦。窦建德本人在武强（今河北武强西南）征粮，听说薛世雄前来，遂撤出诸城，扬言还回豆子航，以麻痹敌人。薛世雄以为义军怕自己，放松了警惕和戒备。窦建德距薛世雄营寨140里，率敢死队280人先行，命令后续部队跟进，星夜奔袭世雄。翌日凌晨，窦建德进抵薛营前，正巧大雾迷漫，咫尺莫辨。突然发起冲击，薛世雄士卒大乱，纷纷离帐逃命，自相践踏。薛世雄率亲兵数十骑逃归涿郡。

窦建德乘胜进攻河间城，围困城池，却屡战不克。窦建德先退兵，王琮等随后率官吏素服面缚至营门，窦建德亲自为其松绑，并将隋朝已经灭亡的事实告诉了王琮，王琮伏地痛哭，窦建德也受其感染，流泪不已。此时窦建德部下说："琮拒我久，杀伤甚众，计穷方出，今请烹之。"窦建德则说："此义士也。方加擢用，以励事君者，安可杀之！住在泊中共为小盗，容可恣意杀人，今欲安百姓以定天下，何得害忠良乎？"还下令军中："先与王琮有隙者，今敢动摇，罪三族。"并于当日封王琮为瀛州刺史。河北郡县闻后，都争相归附于窦建德。

窦建德在攻克景城时，俘虏户曹张玄素，欲杀之，景城县民千余人号泣愿代其而死，并说："户曹清慎无比，大王杀之，何以劝善！"于是，窦建德将张玄素释放，以其为治书侍御史，但被张玄素拒绝。直到隋朝灭亡，窦建德又任命其为黄门侍郎，张玄素这才受命。当时饶阳令宋正本博学有才气，向窦建德献定河北之策，于是窦建德将其引为谋主。窦建德的这些做法使他的力量得以进一步壮大。

窦建德不但待人宽厚，还善于纳谏。在武德二年九月攻克赵州时，曾俘总管张志昂、慰抚使张道源，窦建德认为此二人再加上邢州刺史陈君宾负隅顽抗，欲将三人斩首。窦建德的国子祭酒凌敬进言道："夫犬各吠非其主，今邻人坚守，力屈就擒，此确乃忠士也。若加酷害，何以劝大王之臣乎？"窦建德大怒道："我至城下，犹迷不降，劳我师旅，罪何可赦？"凌敬又说："今大王使大将军高士兴于易水抗御罗艺，兵才至，士兴即降，大王之意复为可不？"窦建德觉得有道理，立即将三人释放。

窦建德虽有很多优点，但他生性多疑，爱信谗言，以至难辨是非。其手下大将王伏宝随窦建德征战多年，勇冠三军，功绩在诸将之上，结果遭到诸将的忌妒，便说其谋反，窦建德不问清楚便将王伏宝杀死。王伏宝临死时说："我无罪也，大王何听谗言，自斩左右手乎？"王伏宝死后，窦建德军很少能够取胜。他的纳言官宋正本好直谏，他又听信谗言将其杀死。此后人人引以为戒，无人再进忠言，从此政教益衰。

唐朝武德三年（620）七月至四年五月，秦王李世民率军在洛阳、虎牢（今中国中部河南省荥阳汜水镇西北）各个击破王世充、窦建德军。

王世充原来是隋东都洛阳守将，隋炀帝死后，他在唐朝武德二年四月称帝，国号郑，并利用唐军在河东作战无暇顾及东部的机会，夺取了唐朝在河南的部分土地。

柏壁之战后，李渊为夺取中原，采取先郑后夏（窦建德已称夏王）、各个击破的方略，唐朝武德三年七月，命令李世民领兵8万向东攻打王世充。同时派遣使者与窦建德言和修好，使他保持中立。王世充从各州镇挑选勇士聚集洛阳，命令他的三个侄子分别镇守襄阳（今属中国中南部湖北省）、虎牢、怀州（今河南沁阳）等重要地点，命令他的兄长、儿子防守洛阳，他亲自率步骑3万迎击唐军。

李世民率步骑5万进军慈涧（今河南新安东），王世充被迫撤回洛阳。于是，李世民决定先扫清外围然后攻城，经过八个月的作战，唐军攻克洛城，并占领虎牢，河南50余州相继归降。李世民率军进逼洛阳，经过一番激战，将其合围。王世充困守孤城，缺乏粮草，民心颓废，几次派使者向窦建德求救。窦建德得知洛阳危急，怕唐灭郑后危及自己，决定先联合郑国攻击唐朝，然后找时机灭郑，再夺取天下。于是率兵10余万西进，连续攻克管城（今河南省郑州）、荥阳（今属河南）、阳翟（今河南禹县）等地，进到虎牢的东面。

李世民分兵围困洛阳，占据虎牢要地，阻止窦军向西进军，一举两得。由于虎牢地形险阻，窦军不能前进，驻扎了一个多月，多次作战不利，士气低落。李世民得知，引诱他出战。窦军果然全部出动，李世民下令骑军队直冲入窦军。窦建德正和群臣议事，唐军突至，前后夹击，阵势大乱。唐军追击30里，俘获5万多人，窦建德受伤被俘。李世民回军洛阳，王世充投降。

窦建德被俘后，其夫人曹氏和左仆射齐善行率数百骑逃回洺州（今河北永年东南），将府库财物分给士卒，让其各自散去。齐善行与建德右仆射裴矩、行台曹旦及建德妻率部属举山东之地，奉传国等八玺降唐。窦建德所建夏国，就此灭亡。

七月十一日（621年8月2日），窦建德于长安遇害，时年49岁。十九日，余部推窦建德部下刘黑闼接过义军大旗，继续反唐的事业，武德六年（623）失败。

窦建德自起兵至败亡，共计11年。窦建德虽因缺乏政治远见等原因犯了一些严重错误，但他仍不失为一位杰出的农民领袖。所以，对窦建德的崇敬，仍然长期存留在河北人民的心中。河北大名县有"窦王庙"，父老群祭，历久不衰。大和三年（829），魏州（治今河南安阳）书佐殷侔有感于其事，特在庙中立了一块纪念碑。

▉故事感悟

隋末的横征暴敛，引发了各地农民大起义，窦建德起义军是其中著名的一支。窦建德的失败关键在于"惏谏"，这是一个沉痛的历史教训。但以窦建德为首的河北义军、在山东、河北广大地区坚持反隋斗争，在推翻隋炀帝暴政斗争中发挥了重要作用。

■史海撷英

洺水之战

洺水之战发生在唐武德五年（622）正月至三月，是唐朝平定天下、统一国家战争中，秦王李世民率军在洺水流域击败刘黑闼军的一次重要战役。

武德四年十二月三十日，双方在徐河（今河北保定东北）交战，刘十善、张君立大败，损兵8000余名。洺水县人李去惑占据城池降唐。李世民派彭公王君廓率1500名骑兵，与其共同守城。二月，刘黑闼再攻洺水城，十一日，至列人（今河北肥乡东北）时，被唐将秦叔宝击退。十七日，李世民收复邢州（今河北井陉西北）。二十四日，李艺率军夺回定（今河北定县）、栾（今河北隆尧东）、廉（今河北藁城）、赵（今河北赵县）四州，抓获刘黑闼尚书刘希道，与李世民军会合于洺州。

当时刘黑闼急攻洺水城，该城四面环水，水宽50余步，深三四丈，刘黑闼在城东北修建两甬道准备攻城。李世民三次引兵增援，都因刘黑闼军顽强阻击不能进。眼看甬道即将修成，洺水城危在旦夕，李世民遂登上城南高坟，用旗语令王君廓突围，同时命勇将行军总管罗士信率200名士卒进城，代其坚守城池。刘黑闼军在甬道修成后，连续八昼夜，猛攻洺水城。恰逢大雪，唐军无法增援，洺水城于二十五日陷落，罗士信被杀。二十九日，李世民率军夺回洺水城。

武德五年三月，李世民和李艺在洺水以南扎营，并分兵驻洺水以北。刘黑闼多次挑战，李世民均坚壁不战，以挫其锋，同时另遣奇兵断其粮道，冀（今河北冀县）、贝（今河北清河西北）、沧（今河北沧州东南）、瀛（今属河北）等州的水陆运粮舟、车，皆被唐军沉焚。双方相持60多天，李世民料到刘黑闼粮草已尽，必来决战，于是命人在洛水上游筑堰截断河水。三月二十六日，刘黑闼果然率2万步骑兵南渡洛水，逼近唐营列阵。李世民先遣轻骑出战，继而亲率精骑击破刘黑闼马军，乘胜以马践踏其步兵。刘黑闼率军拼死抵抗，战斗从中午持续到黄昏。这时，守吏决堰，河水疾速冲下，水深丈余，刘黑闼军大溃，万余人被杀，数千人淹死，刘黑闼率200骑逃入突厥。

■ 文苑拾萃

窦王庙

窦王庙是苏鲁地区极有影响的古寺名刹，位于叠翠峪深处，是当地人为纪念隋末农民起义军首领窦建德而建。

该庙屡修屡毁，现仅存遗址。庙西侧的石壁上有记载七品芝麻官徐九经当年游山题诗："远看一座叠翠山，近看一座叠翠山，山前山后转着看，真是一座叠翠山。"因而成为闻名天下的"九经考砚石"。

陈硕贞农民起义

> 陈硕贞（620—653），女，又名陈硕真。唐代睦州雉山县梓桐源田庄里（今浙江省淳安梓桐镇）人，巾帼女杰。于唐高宗永徽四年（653）十月率众起义，自封为"文佳皇帝"。

　　陈硕贞自幼父母双亡，与妹妹相依为命。姐妹俩历经世间风霜雨雪，尝遍人间辛酸苦辣。姐妹俩一直熬到妹妹被乡邻收养，陈硕贞到一乡宦人家帮工，这才能吃上一顿饱饭。

　　这一年，青溪发生了百年不遇的洪灾，朝廷不但不开仓赈粮，还照样征收各种赋税，导致民不聊生，卖儿鬻女，流离失舍，饿殍载道。陈硕贞看到乡亲们的苦难景象，想到自己曾得到过乡亲们的帮助，于是不顾自己安危，偷偷打开东家的粮仓救济灾民。结果被东家发现，她被捆绑起来打得遍体鳞伤。众乡亲看在眼里，急在心里，当天夜晚，众多乡亲自发组织起来，冲入关押陈硕贞的柴房，将其救出。为逃避官兵的搜捕，陈硕贞逃入深山之中隐匿，装扮成一位道姑，疗养身体。

　　在养伤期间，陈硕贞觉得只有推翻朝廷，才能让大家过上好日子。

陈硕贞决定利用道教发展信众，作为以后起义的力量。她先是散布一些消息，说自己在深山遇到了太上老君，并被收为弟子，并向大家展示她所学到的种种法术，因为乡民希望她成仙后能更多地为民造福，对陈硕贞"升仙山受仙法"的说法深信不疑。

过了一段时间，她又宣称自己已经得到了太上老君的神谕，马上就要羽化登仙了。但这时，有人向官府告密说，陈硕贞成仙升天是假，图谋不轨是真。于是官府派人四处搜寻，将陈硕贞抓到官府，并以妖言惑众图谋不轨之类的罪名将案件上报上司，幸好众多乡亲积极筹措资金，打通了关节，这才使得陈硕贞无罪释放。经历这次风波后，陈硕贞觉得官府已经注意到了自己的行为，若不尽快起义，恐怕以后就没有机会了。

陈硕贞有位亲戚名叫章叔胤，他积极支持陈硕贞的起义计划，并做了大量的宣传组织工作。章叔胤对外宣传说，陈硕贞已从天上返回青溪，现在她法力无边，变幻莫测，可以召神将役鬼吏。这说法一传十、十传百，愈传愈玄，方圆百里的百姓无不对陈硕贞顶礼膜拜。陈硕贞的每一句话都是神语仙音，足可令信徒赴汤蹈火在所不辞。

眼看信徒发展的人数差不多了，永徽四年（653）十月初，陈硕贞正式宣布起义。她仿照唐朝官制建立了政权，任命章叔胤为仆射，总管各项事宜，而她自己则称为"文佳皇帝"。在中国历史上，参加农民起义的妇女不计其数，但做领袖的妇女寥若辰星，而做领袖又称皇帝的妇女，只有陈硕贞一人，从这一点上讲，她作为农民起义领袖，无疑是最具有魅力和魄力的一个。

陈硕贞发动起义后，得到当地人民的广泛拥护，青溪人童文宝首先率众响应，在很短的时间里，义军就发展到几千人。为壮大力量，陈硕贞和章叔胤兵分两路，章叔胤领兵攻占桐庐，陈硕贞自己率军两千攻占睦州治所及于潜（今浙江昌化东南）。睦州各地的百姓群起响应，起义军很快发展到数万人。陈硕贞能够以区区两千人马攻陷睦州首府及所属诸县，顿时朝野震动。为了将义军剿灭，朝廷对起义地区实行封锁，严格控制人口流入义军，所有进入睦州地区的人员一律受到盘查，就连僧侣也不放过。

为了打开局面发展力量，陈硕贞乘胜进攻安徽，攻打歙州（今安徽省歙县）。但由于歙州驻军防守严密、抵抗顽强，陈硕贞手下虽有几万人，但大多是没有受过军事训练的普通百姓，又没有攻城器械，歙州久攻不下。

陈硕贞从歙州撤出，改变原来集中兵力进攻的方法，制定分路出击，采用运动战与袭击战结合的方针，在此方针下，不断打击官军，扩大势力范围。唐政府派扬州长史房仁裕发兵征讨，陈硕贞命童文宝统兵4000人，掩袭婺州（今浙江省金华）。童文宝率兵进入婺州后，与官军遭遇，变掩袭成强攻。

这时，担任婺州刺史的是崔义玄，此人身经百战，颇有智谋。崔义玄在城中闻报，立即召集文官武将，准备发兵抵抗，但官员们慑于义军的声威，纷纷说："陈硕贞有神灵护卫，敢与其兵对抗者，无不杀身灭门，还是回避为上。"绝大多数人不愿前去。这时，司空参军崔玄籍说："顺天心合民意的起兵，有时尚且不能成功，陈硕贞不过是个有点法术的女人，一定坚持不了很久。"崔义玄闻听此言，立即命崔玄籍为先锋官，自己统率大兵跟进。

陈硕贞闻知童文宝在婺州受阻，带领主力来到婺州支援，参战的义军达数万人。义军虽然在人数上占优势，但起义才一个来月，战士未经训练，战斗力有限，过去能克州陷府，凭的是声威和拼劲，如今声威和拼劲虽在，但面对训练有素、指挥得当的官兵就有些力不从心。

两军在婺州境内僵持着，陈硕贞为打破僵局，改变客地作战、敌情不熟等不利条件，不断派出间谍刺探敌情，有一次仅被唐兵擒住的间谍就达数十人。而崔义玄这边也没闲着，向四方发出了求援。

就在两军僵持之际，一天晚上，忽然有一颗陨星坠落在陈硕贞的大营中。崔义玄立刻大造舆论，说这就是陈硕贞的将星陨落，陈硕贞必死无疑。崔义玄统帅的军队顿时军心大振，而陈硕贞一方的士气则大大低落。在下淮，两军大战。唐军以大盾牌保护刺史崔义玄，崔义玄说："刺史避箭，还有谁拼死作战！"命人撤去盾牌。唐军士卒受到激励，陈硕贞军大败，被斩首数百人。唐军允许陈军投降，追击进入睦州境内时，投降者达万人之多。

653年11月底，扬州长史房仁裕的援军到达婺州，与崔义玄的部队前后夹击义军。战斗相当惨烈，参战的数万义军，最后除1万多被俘外，其余大部战死。"文佳皇帝"陈硕贞及仆射章叔胤在战斗中被俘，最后英勇就义。

■故事感悟

陈硕贞的起义在婺州终结了，虽然她从起兵到兵败身亡不过一个多月时间，但是东南震动，影响极大，给予封建统治者以有力的打击。

■史海撷英

《贞观律》

唐太宗李世民一即位，便命令长孙无忌和房玄龄等人在《武德律》的基础上修订新的法典，经前后十年时间，于贞观十一年完成《贞观律》，颁行天下。该律共12篇，500条。

《贞观律》对《武德律》的改动包括：第一，废除斩趾酷刑，增设加役流；第二，大大减少了旧律中重刑条款的数量；第三，缩小了族刑、连坐的范围；第四，确立了五刑、十恶、八议、请、减、赎、当、免及类推、死刑复奏等基本原则和制度。

■文苑拾萃

落凤山的传说

陈硕贞起义失败后，当地百姓不肯相信陈硕贞已死。他们编造了一个传说，说当起义军最后被围困在一个山头上时，陈硕贞立马山头，回顾左右，义军已经所剩无几。她挥舞双剑，准备再冲下山来。房仁裕和崔义玄指挥官兵万箭齐发，山上顿时箭如雨下，陈硕贞舞动双剑，远远看去只见两团白光，护着全身。但官兵的箭轮番向那两团白光射去，最后，陈硕贞胸腹连中数箭，两团白光渐渐收敛了。就在官兵一拥而上，想抓住陈硕贞时，忽然天边飘来一朵彩云，一只巨大的凤凰降落在山头，吓退了官兵，载上陈硕贞腾空而去。于是，那山就叫"落凤山"。

美丽的传说寄托了人民对起义军首领的同情和怀念。陈硕贞作为古代劳动妇女的杰出代表，永远载入了中华民族的史册。

唐中期袁晁起义

> 袁晁（？—763），唐代宗时浙东农民起义军领袖，台州（今浙江临海）人。原为司鞭小吏。

唐宝应元年（762），朝廷追征租调，搜括粟帛，农民不堪负担，纷起反抗。袁晁因同情饥寒交迫而造反的农民，受到鞭背刑法。

袁晁率众在唐兴县（今天台县）起义（一说聚众占据翁山县（今浙江舟山岛）起义）。袁晁率领义军攻占台州，刺史史叙逃走，九月二十七日攻占信州（今属江苏）。唐洪州刺史张镐伏兵常山山口，义军中伏，损兵3000余名。十月初十，义军攻占温州（今浙江温州）、明州（今浙江宁波），尽有浙江东、西道地区（今江苏、浙江、安徽、江西四省部分地区及浙江衢江流域、浦阳江流域以东地区）。

袁晁建立政权，几十位公卿大臣均由普通百姓担任，以丑月为正月，改年号为宝胜。

义军杀死地方长吏，烧毁和没收官府及地主豪富的钱财，疲于沉重赋税的广大贫苦农民，大多归附义军。

德清县（今江苏吴兴南，一说浙右县）人朱泚、沈皓等也聚众起义，响应袁晁。朱泚和沈皓分别占据两大山洞，不时出兵攻占城垒。宜春义军首领家兵漫山遍野，地方长吏不敢过问。袁晁义军发展到20万人，严重地威胁着唐廷在该地区的统治。

唐代宗李豫急令河南道副元帅李光弼讨伐袁晁。李光弼派其部将张伯仪、御史中丞袁傪、偏将王栖曜和李长荣等率领各军，向袁晁义军发起攻势。

宝应元年十二月，义军与官军在衢州（今浙江衢县）大战，义军失利。广德元年三月初四，官军再次击败义军。四月，两军经十余次交战，义军战败，袁晁被俘，于广德二年十一月二十日就义于长安。其弟袁瑛率领500名骑兵，冲出重围，占据宁海西北40里的紫溪洞，凭借险要地势，抗击官军。官军扎营洞口，切断义军粮道，加紧围攻。袁瑛和500名勇士在内无粮草、外乏援兵的绝境中，顽强抗击官军，直至全部饿死洞中。

■故事感悟

袁晁起义是唐中期规模最大的一次起义。但义军一哄而起，未经必要的军事训练，缺乏实战经验。面临"中兴名将"李光弼麾下的精兵悍将，双方实力悬殊，因此迅即败亡。

■史海撷英

郭子仪收复京师

757年，安史内讧，安禄山被帐下李猪儿杀死。李猪儿幼年时就开始侍奉安禄山，成为阉人后，对他更加亲敬。安禄山反叛后，由于着急上火眼失明，不久又得了疽疾，更加急躁，左右侍奉的人稍不如意，即被鞭挞，李猪儿被侮辱的次数更多。严庄虽然是亲信，也时常遭到鞭笞奚落，所以二人非常怨恨安禄山。

安禄山僭号后，宠幸段夫人，爱她的小儿子安庆恩，欲立他为太子。安庆绪颇有所闻，很是畏惧。严庄也怕对自己不利，便私下对安庆绪说："君听说过大义灭亲吗？自古就有不得已而为者。"安庆绪暗中晓示说："对。"严庄又对李猪儿说："你侍奉君上的罪可数吗？不行大事，离死没有多少日子！"遂与他定谋。

至德二年正月初一，安禄山诏见群臣，疮痛很重，草草罢朝。这天夜里，严庄、安庆绪手持兵器在门外把守，李猪儿进入安禄山帐下，用刀捅了安禄山的腹部。安禄山眼睛看不见，摸不着佩刀，手击幄柱呼道："是家贼！"不一会儿即毙命。他们随即对外称安禄山传位给安庆绪，仍伪尊他为太上皇。

安禄山一死，朝廷想要大举进攻，诏令郭子仪率军直趋京师。军队在谝水西与贼将安太清、安守忠战斗，唐军失利，部队溃败。郭子仪退保武功，来到朝堂请罪。九月，随从广平王李豫率蕃汉军队15万进攻长安。回纥派遣叶护太子率领4000名骑兵帮助唐朝讨贼。郭子仪与叶护太子在宴会上亲近修好，共同发誓要平定国难。

郭子仪与贼将安守忠、李归仁在京西香积寺之北战斗，从午时至酉时，斩贼首6万级。贼将张通儒放弃长安，逃到陕郡。第二天，广平王进入京师，城中老幼百万人夹道欢呼，流着泪说："没有想到今天又见到官军。"肃宗在凤翔听到捷报，群臣称贺。

唐末裘甫农民起义

裘甫（？—860），剡县（今嵊州）人，唐末农民起义首领。他出身于贫苦农家，早年以买卖私盐为业。

唐朝末年，地方割据，赋役繁重，统治者层层搜刮，民众不堪重负，逃离家乡的人越来越多。

唐宣宗大中十三年（859）十二月，浙东人裘甫聚众起义，攻占象山（今属浙江）。次年正月，屡败明州城（今宁波）官兵进逼剡县（今浙江嵊县），众至数千人。二月，大败浙东唐军于三溪（今浙江嵊县西南），打死官兵三位将官，百姓纷至投奔，队伍增加到3万人。

裘甫自称天下都知兵马使，建元罗平（铸印称天平），大聚资粮，购良工，治器械，声振中原。三月，义军分兵攻打衢、婺、明、台等州（今浙江衢州、金华、宁波、临海），夺取唐兴、上虞（今浙江天台及上虞东南一带地区），随后又向东南沿海地区发展。

浙东官兵屡战屡败，唐朝廷急调前安南都护王式为浙东观察使，统领诸道兵前往镇压。义军又北上余姚（今属浙江），杀县丞和县尉，东破慈溪，进占奉化，抵达宁海（今属浙江），杀掉县令而占据此地。

裘甫面对义军蓬勃发展的有利形势，没有采纳副将刘暀提出的迅速攻取越州（治今浙江绍兴），沿浙江（今富春江、钱塘江）筑垒拒守，伺机向外扩展的正确方略，反而犹豫不决，坐失良机。四月，王式率兵进屯越州，旋即分兵两路向东、南方向齐进。起义军连战皆败，失掉宁海城，于宁海西南的南陈馆又丧失万余人，沿天台山黄罕岭向西北方向逃遁。六月，起义军退守郯城。王式率官军集中兵力攻城，不惜起用龙陂监的牧马，借助吐蕃、回鹘的数百名骑手轮番进攻，三天交战83次，裘甫等终因寡不敌众，被俘斩。起义军将领刘从简率500人突围后，在大兰山（今浙江余姚南）战败被杀。至此，裘甫领导的农民起义失败。

■故事感悟

裘甫率义军反唐，是唐末农民大起义的前奏，揭开了推翻唐王朝农民战争的序幕。

■史海撷英

朱温围攻凤翔

光化三年（900）十一月，宦官刘季述等人幽禁唐昭宗，立太子李裕为帝。次年初，与朱温关系密切的宰相崔胤与护驾都头孙德昭等杀刘季述，昭宗复位，改年号为天复，进封朱温为东平王。此后，崔胤想借朱温之手杀宦官，而韩全诲等宦官则以凤翔（今属陕西）李茂贞、邠宁（今彬县、宁县）王行瑜等为外援。这年十月，崔胤矫诏令朱温带兵赴京师，朱温乘机率兵7万由河中攻取同州、华州（今华县），兵临长安近郊。韩全诲等劫持昭宗到凤翔投靠李茂贞。朱温追到凤翔城下，要求迎还昭宗，韩全诲矫诏令朱温返镇。天复二年，朱温在一度返回河中之后再次围攻凤翔，多次击败李茂贞。前来救助李茂贞的鄜坊节度使李周彝也被拦截而归降朱温。

提出"平均"口号的王仙芝起义

王仙芝（？—878），濮州濮阳（今河南省濮阳市）人，私盐贩出身。乾符元年（874）聚众数千人在长垣起义，称"天补平均大将军"，海内诸豪都统，乾符五年在黄梅被唐军所杀，传首京师。

唐代濮洲人王仙芝，因贩卖私盐而时奔走各地。当时唐朝政府为了垄断食盐买卖，保证财政收入，大力打击私盐贩卖。王仙芝为了抗拒官府缉查，四处拜师，学得一身好武艺，这对日后在起义过程中领导起义军与唐军作战起到了巨大的作用。当时关东大旱，官吏仍强行征收赋税，强制徭役，百姓走投无路。百姓们得知王仙芝有一身好武艺和反抗唐朝政府的意愿，便聚集到了王仙芝周围，准备在适当时机发动起义，反抗唐朝政府的腐朽统治。

唐僖宗乾符二年（875）初，王仙芝在濮州濮阳（今河南濮阳西南）发出檄文，斥责唐朝吏贪赋重税，赏罚不平，自称"天补平均大将军"、兼海内诸豪都统，率领起义军攻克曹州（今山东曹县）、濮州。

唐僖宗乾符二年（875）六月，冤句（今山东菏泽）人黄巢起义响应，率众数千会师曹州，声势日益浩大。四方苦于官府苛征暴敛的百姓以及散居民间的庞勋旧部，争先投奔王仙芝，义军发展到几万人。起义军攻郓州（今山东东平），袭沂州（今山东临沂），到十一月，已"剽掠十余州，至于淮南，多者千余人，少者数百人"。同年十二月，唐僖宗李儇任命平卢节度使宋威为诸道行营招讨草贼使，特赐禁军3000人，甲骑500骑，并命河南诸藩镇所遣各军均由宋威指挥。

唐僖宗乾符三年（876）七月，唐军同王仙芝义军战于沂州城下。面对强敌，王仙芝避实就虚，率部长途跋涉，于八月西进河南，不到10天连破八县，占阳翟（今河南禹县），据郏城（今河南郏县）。唐以左散骑常侍曾元裕为招讨副使，镇守洛阳。令山南东道节度使李福选步骑2000人马北上汝州（今河南临汝）、邓州（今河南邓县），扼守要道，凤翔节度使令狐绹和邠宁节度使李侃选步兵1000人、骑兵500骑进驻陕州（今河南陕县）、潼关（今陕西潼关），形成一条以洛阳为中心的防线，企图阻止王仙芝西进，并进而聚歼义军。王仙芝率领义军不畏强敌，猛攻汝州城，全歼官军，占领汝州，杀死唐将董汉勋、刑部侍郎刘承雍、生擒刺史王镣等，取得重大胜利。

京都大震，百官出奔，吓得唐僖宗在长安取消了重阳内宴，下诏赦免王仙芝罪，"除官，以招谕之"，企图收买王仙芝。王仙芝乘胜北上攻占阳武（今河南原阳），在进攻郑州时，与唐昭义监军判官雷殷符战于中牟（今河南鹤壁西），战败后义军分兵两路。

王仙芝率一部义军南下，十月攻打唐州（今河南沁阳）、邓州；十一月继续南进，一举攻占郢州（今湖北京山）、复州（今湖北沔阳）；十二月攻随州（今湖北随州），转向东南挺进安州（今湖北安陆）、黄州（今湖北黄冈）。

另一支义军东进淮南，从申州（今河南信阳）、光州（今河南潢川）取舒州（今安徽潜山）、庐州（今安徽合肥）一带，声震淮南。

半年时间里，义军在江淮河汉之间广大地区流动作战，打得官军顾此失彼，疲于应付。义军迅速发展到30万人。蕲州刺史裴偓不敢抵抗，开城迎降，为王仙芝上表求官。唐僖宗封王仙芝为"左神策军押牙兼监察御史"，王仙芝便想投降。因遭到黄巢的责骂和义军们的强烈反对，王仙芝才勉强拒绝降唐，却与黄巢分兵作战，削弱了义军实力。

唐僖宗乾符四年（877）正月，王仙芝攻取鄂州（今湖北武昌）。七月，与黄巢合兵攻打宋州（今河南商丘），失利后于八月攻占安州、随州，以后又转攻复州、郢州。虽然义军不断取得胜利，但是唐王朝在三月发布《讨草贼诏》，动员官军和地方武装加紧镇压起义军；同时对义军发动诱降攻势，比如，解甲投降，必当超授官爵，厚赏资财。王仙芝于十一月再次写了降表，派他的心腹大将尚君长、蔡温球等人去邓州请降。招讨副使都监杨复光送他们前往长安途中，招讨使宋威派人劫持了尚、蔡，谎奏在颍州（今安徽阜阳）西南作战俘获，在狗脊岭（在唐长安城内东市）将尚、蔡等人斩首。这个消息使王仙芝十分愤怒，率军南下，渡过汉水进攻荆南（今湖北江陵）。

唐僖宗乾符五年（878）正月初一，义军攻占罗城。山南东道节度使李福率兵来救，败义军于荆门。王仙芝前去解围，到申州（今河南信阳）东又被招讨副使曾元裕击败，义军损失2万。这时，唐王朝以宋威"杀尚君长非是"，镇压起义"无功"，解除其兵权，擢升曾元裕为招讨使，颍州刺史张自勉为招讨副使，又调西川节度使高骈任荆南节度使兼盐铁运转使，集中优势兵力，加紧围剿王仙芝。

唐僖宗乾符五年（878）二月，王仙芝的义军被曾元裕包围于黄梅（今湖北黄梅西北）。经过无数场激烈的战斗，义军5万余人英勇牺牲，在突围中王仙芝战死。余部渡江转战江南，另一部由尚让率领投奔黄巢继续战斗。

■故事感悟

王仙芝领导的农民起义是中国古代历史上一次重要的农民起义运动，极大地打击了唐朝封建政府的腐朽统治，推动了历史的发展。

■史海撷英

河朔三镇

河朔三镇，又称河北三镇，是指唐朝末年藩镇割据时位于河朔地区的三个藩镇势力，即卢龙（或称幽州，今北京及长城附近一带）、成德（卢龙以南和山西接壤的地区）、魏博（后改称天雄，渤海湾至黄河以北）。安史之乱后，唐代宗将安史降将李怀仙等人就地封为幽州等三镇节度使，其后，河朔三镇逐渐成了地方割据势力，中央政府难以控制，乃"藩镇之患"的肇始。唐宪宗时期，三镇曾短暂向中央表示归顺，但宪宗死后又开始反叛。而该三镇内部也反复哗变，动荡不安。

■文苑拾萃

郭橐驼传

郭橐驼，不知始何名。病偻，隆然伏行，有类橐驼者，故乡人号之"驼"。驼闻之曰："甚善，名我固当。"因舍其名，亦自谓"橐驼"云。

其乡曰丰乐乡，在长安西。驼业种树，凡长安豪富人为观游及卖果者，皆争迎取养。视驼所种树，或移徙，无不活，且硕茂，早实以蕃。他植者虽窥伺效慕，莫能如也。

有问之，对曰："橐驼非能使木寿且孳也，能顺木之天，以致其性焉尔。凡植木之性，其本欲舒，其培欲平，其土欲故，其筑欲密。既然已，勿动勿虑，去不复顾。其莳也若子，其置也若弃，则其天者全而其性得矣。故吾不害其长而已，非有能硕茂之也；不抑耗其实而已，非有能早而蕃之也。他植者则不然，根拳而土易，其培之也，若不过焉则不及。苟有能反是者，则又爱之太恩，忧之太勤，旦视而暮抚，已去而复顾，甚者爪其肤以验其生枯，摇其本以观其疏密，而木之性日以离矣。虽曰爱之，其实害之；虽曰忧之，其实仇之。故不我若也。吾又何能为哉！"

　　问者曰："以子之道，移之官理，可乎？"驼曰："我知种树而已，官理，非吾业也。然吾居乡，见长人者好烦其令，若甚怜焉，而卒以祸。旦暮吏来而呼曰：'官命促尔耕，勖尔植，督尔获，早缫而绪，早织而缕，字而幼孩，遂而鸡豚。'鸣鼓而聚之，击木而召之。吾小人辍飧饔以劳吏者，且不得暇，又何以蕃吾生而安吾性耶？故病且怠。若是，则与吾业者其亦有类乎？"

　　问者曰："嘻，不亦善夫！吾问养树，得养人术。"传其事以为官戒也。

黔湖广各族人民大起义

　　明正统年间，明朝三征麓川，不断从贵州征兵，百姓苦于战祸。又值饥荒频发，百姓不堪官府的苛刻剥削，贵州境内以苗族、布依族为主体的各族人民为求生存，被迫揭竿而起。

　　正统十四年二月，贵州驻军1万余人调往麓川战场，防守空虚。三月，邛水十五洞司（今贵州三穗）苗民聚众起义，迅速攻占思州府城（今贵州岑巩）；五开（今贵州黎平）苗民进攻清浪（今贵州岑巩南）、镇远（贵州今县）。于是，西自永宁（今贵州晴隆），东至沅州（今湖南芷江），北起播州（今贵州遵义），东南达武冈（湖南今县）的广大地区内，各族人民纷纷响应，参加起义的人数多达20余万。

　　明朝廷命都督宫聚为征南总兵官率军镇压。同时命广西总兵官柳溥、贵州参将都指挥同知郭瑛、湖广参将都指挥佥事张善，各率官军、土兵会剿。四月，再命出征麓川的兵部尚书王骥领兵增兵贵州。因众寡悬殊，官军穷于应付，处处败绩，逃散者多达数千余人，迫使朝廷不断向贵州调兵遣将。九月，起义军围攻平越卫（今贵州福泉），朝廷应王骥奏请，集兵七八万人，东西夹攻。十一月，奉调宫聚回京，正式命王骥为平蛮将军，充总兵官，负责镇压事宜。

　　景泰元年（1450）四月，起义军进围安南（今贵州晴隆），朝廷命云南总兵官沐斌遣军5000人前往协助当地守军解围。起义军攻杀一年多，官军镇压不力，朝廷又命保定伯梁珤代王骥负责镇压起义。五月，征进贵州右副总兵都督佥事田礼率官军在新添（今贵州贵定）、平越击败起义军，解除平越之围。总督军务兵部左侍郎侯琎领兵于都卢寨、水西等地击败起义军，打开了从水西至贵州（今贵阳市）的通道，官军的云南援兵由此而进入贵州，加强了官军力量。

侯琎挥军东向，在安南卫、紫塘、弥勒、南窝、阿蒙等寨以及七盘坡、羊肠河、杨老堡、清平（今贵州凯里西北）等地击败起义军，打通了兴隆（今贵州黄平）至镇远的道路。同时，总兵官梁瑶于沅州大败起义军，起义转入低潮。不久，起义军领袖韦同烈拥兵数万占据兴隆，自称"苗王"，率军进攻平越、清平、新添等地，起义再度高涨。但官军已大兵压境，占据优势地位，形势对起义军很不利。

景泰二年（1451）正月，总兵官梁珤督军于靖州（今湖南靖县）等地大败起义军，斩首3000余级，生擒600余人，起义遭受重大挫折。四月，官军兵分两路对韦同烈部发起攻击，总兵官梁珤率东路军自沅州来攻，都督方瑛率西路军会攻兴隆。韦同烈战败，退保香炉山，遭到官军包围。

此时，起义军内部有人叛变，将韦同烈绑赴官军投降，其他各地起义军也相继被镇压。七月，普定（今贵州今县）、永宁（今贵州晴隆）、毕节（贵州今县）、五开（今贵州黎平）、清浪（今贵州岑巩南）等地苗民再次起义，湖广各地苗民也群起响应，朝廷仍命梁珤为总兵官，右都御史王来总督军务，率军镇压，并命湖广等地官军策应。四年（1453）三月，镇守湖广右都督陈友领兵于古城（今地不详）击败义军。六年（1455）十一月，被废广通王朱徽煠党羽蒙能自称"蒙王"，聚集贵州苗民3万余人起义，攻打隆里（疑为龙里，贵州今县）等处。十二月，平越等地阿拏、王阿榜、苗金虎等自称"苗王"，率众起义，把斗争推向高潮。朝廷急命南和伯方瑛为平蛮将军，命都督佥事白玉为副总兵，率军镇压。

天顺元年（1457）四月，方瑛领军击败蒙能所部及其他各部起义军，斩首数千级，湖广方面的苗民起义遭受严重挫折。二年（1458）四月，贵州东苗十三番首领干把猪率众攻打都匀（今贵州都匀）等地，朝廷急命方瑛调集西南各地官军、士兵镇压。三年（1459）四月，方瑛及右副都御史白圭率军打败起义军，斩首1万余级，生擒6000余人，干把猪被俘牺牲。官军乘胜进攻其他各部，斩首2367级，生擒900余人。

四年（1460）八月，麻城（今湖北麻城）李添保自立王号，聚众万余人起义，西堡（今贵州六枝）等地苗民纷起响应。朝廷命都督李震代方瑛为湖广、贵州总兵官，以一部兵力进攻李添保，另一部兵力分两路进攻西堡义军。五年（1461）正月，两部义军均遭官军镇压，起义跌入低潮。

■故事感悟

贵州、湖广各族人民大起义因遭到众多官军镇压跌入低潮，然而，湖广、贵州各地少数民族人民不畏强暴，英勇反抗封建王朝的统治，他们不怕流血牺牲，前仆后继，给予明朝统治者以沉重的打击。

■史海撷英

崇祯罪己诏

崇祯八年（1635）正月，在中原数省范围内流动奔袭经年的陕西农民军突然挥师南下，出其不意地一举攻克明朝中都凤阳——大明开国皇帝朱元璋的龙兴之地，掘朱元璋祖辈之明皇陵并焚毁之，熊熊大火和弥天烟雾持续数日之久。随后，朝廷匆忙调集各省精兵八万余人在中原地区进行会剿。八月，洪承畴负责督剿西北，卢象升负责督剿东南，剿灭农民暴乱军之战事在全国范围内拉开帷幕。

十月初，崇祯帝走出了令他的自尊十分难堪的一步，即第一次向全天下颁布"罪己诏"，向天下臣民首次承认朝廷的政策失误及天下局势的险恶。

第二篇
为民主革命献身

《马关条约》引台湾反抗斗争

刘铭传（1836—1896），字省三，安徽合肥人。淮军将领，洋务派骨干，台湾第一任巡抚，不但打退了法国舰队的进犯，而且练洋操、议铁路、建台省，为台湾的发展作出了突出贡献。

　　光绪十一年（1885），中法战争结束后不久，清朝政府为了加强台湾的防务，决定在台湾建省，任命刘铭传为第一任巡抚。几年之内，岛内建设发展很快，和大陆的联系也更加密切了。

　　日本政府蓄谋已久霸占台湾，在签订《马关条约》期间，伊藤博文限清政府在一个月内办完交割台湾的手续。李鸿章低声下气地说："头绪纷繁，一个月太紧张，还是两个月吧！台湾已是贵国口中之物，何必着急呢？"伊藤博文说："虽是口中之物，还没有咽下，实在馋得厉害！"

　　《马关条约》签订的消息传到台湾，台湾人民愤怒之极。台北市民立即鸣锣罢市，自动聚集起来，拥进了巡抚衙门，向清政府示威抗议。他们给朝廷打电报："我们誓死守御台湾，要与台湾共存亡。宁可人人战死而失台，决不愿活着而拱手让台！"他们还发布声讨李鸿章的檄文，列举他的种种卖国罪行，声明台湾人民与李鸿章不共戴天，不论在哪里遇到他，一定要把他处死，为国家、为百姓除害。

但是，清朝政府置之不理，反而命令台湾省文武官员迅速撤离，派李鸿章的儿子李经方为"割台大臣"，办理把"台湾"移交给日本的手续。

日本侵略者得到"让渡证书"以后，派兵猛攻基隆，基隆守军英勇抵抗。日军付出了死伤1000多人的代价，才占领了基隆。可是，原先扬言要坚守台湾的清朝巡抚唐景崧一听说日军占领了基隆，马上就放弃台北，带领一批官僚士绅偷偷坐上外国轮船，逃回大陆去了。

台湾各族人民纷纷组织起了抗日队伍。规模较大的就有七八支。各路义军推举刘永福为统帅。刘永福是当初援越抗法的黑旗军的统领，后来他的部队被清政府收编，这时正驻防在台南。他们在各地相互配合，与日军展开了激战。在这些义军中，规模最大的是徐骧、吴汤兴和姜绍祖率领的民团。他们三个人都是爱国的青年知识分子。

吴汤兴和徐骧打听到日军占领台北以后，正分兵两路南下，向台中的门户新竹进犯。他们把民团埋伏在半路上，准备截击敌人。东路日军几百人走到三角涌这个地方时，隐蔽在周围竹林中的几十个民团战士在徐骧带领下冲了出来。开始时，日军根本不把这些手拿土枪的义军放在眼里，想用手里的新式武器吓唬一下，便开了枪。可是义军战士灵活机智又奋不顾身，日军的新式武器根本阻挡不了他们。眼看着冲到了眼前，日军这才慌张起来。他们正想往后退，不想背后又杀出几支民团，把他们包围起来。民团战士占据有利地形，弹无虚发。一场激战，日军头目和60多个士兵被打死，其余日军狼狈逃命。没跑多远他们又被当地人发觉，人们从四面八方向他们围过来，若不是汉奸从小路上引来大队日军增援，义军和当地群众有可能把东路侵略军全部收拾掉。

这时候，祖国大陆人民掀起了支援台湾同胞抗日的高潮。他们筹集了经费、粮食和武器弹药，不少爱国志士请求赴台参加反割让的爱国斗争。但是清朝政府害怕台湾人民反割让斗争会得罪日本侵略者，打破可耻的"和局"，竟一再下令封锁海口，切断了大陆与台湾的联系。

台湾抗日军民得不到援助，日军却得到源源不断的增援，双方力量的差距越来越大。这年秋天，日本侵略军集中了四万多新式武装的兵力从陆、海两路围攻台南。在离台南城40里的曾文溪，双方展开了大决战。日军把全部陆军都用上了，疯狂地炮击义军阵地。各族义军坚持浴血奋战到最后，当义军弹尽粮绝的时候，徐骧悲愤地说："假如再有1000发子弹，我们就可以坚持一段时间，可惜现在一粒子弹也得不到了！"他满腔的爱国热忱化成了热泪，从眼里一齐涌了出来。他振臂高呼："大丈夫为国捐躯，死而无憾！"话音未落，就手握短刀，率众冲入敌阵，在和敌人的肉搏中英勇牺牲。

■故事感悟

宝岛台湾，历来是中国不可分割的领土，在维护领土完整的斗争中，中国人民前赴后继、不怕流血牺牲。我们要学习这种为了祖国领土不被侵犯而与敌人斗争到底的大无畏的革命精神！

■史海撷英

青年邹容

邹容是四川巴县人。他小时候熟读《史记》《汉书》等历史名著，后来接触《天演论》《时务报》等进步书刊，具有不同流俗的思想。父亲劝他在科举上下功夫，邹容回答说："臭八股，我不愿学！清朝的考场，我不爱进！

眼看要完蛋的王朝的功名，得到了又有什么用！"他认为有用的是不但要了解中国，还应该放开眼看世界，寻求挽救国家和民族危亡的真理。

谭嗣同被杀害后，为了缅怀这位慷慨就义的志士，邹容把谭嗣同的肖像挂在自己的座位旁，还写诗道："赫赫谭君故，湖湘士气衰。惟冀后来者，继起志勿灰。"他决心继承谭嗣同的遗志，完成他的未竟事业。光绪二十八年（1902），邹容自费去日本留学。在东京，他如饥似渴地汲取新知识、新思想，眼界大为开阔，要求革命的思想更加强烈了。

留日学生的革命活动，吓慌了清朝统治者。他们派姚文甫等人严密监督留日学生的爱国活动。邹容约了几个同学闯到姚文甫的住处，指着他的鼻子揭露他和另一学生监督的小老婆通奸的丑闻。姚文甫吓得连连哀求。邹容说："饶了你的脑袋，不能饶你的发辫！"说着拿出剪刀，"咔嚓"一声剪下姚文甫的辫子，拿回来挂在留学生会馆的房梁上示众，下面还赫然写着："禽兽姚文甫之辫"七个大字。

邹容的行动引起驻日公使蔡钧的惶恐，他立即照会日本外务省，说邹容是使留日学生变"坏"的"罪魁祸首"，要求加以逮捕。在朋友们的劝告和掩护下，邹容离开日本渡海回国。

邹容一回到上海，就去拜会革命家章太炎（本名章炳麟）。章太炎是学术上造诣很深的学者，早已名满天下。他热情地接待了年轻的邹容，让这个年仅19岁、在社会上刚露头角的青年住进自己所在的爱国学社。两个人经常畅谈终日，成了亲密的朋友和同志。

■文苑拾萃

李伯元定心谴责小说

李伯元原名李宝嘉，别号南亭亭长，江苏常州武进人，出生在他父亲做官的山东。李伯元3岁时父亲去世，投靠伯父李念仔。李念仔对李伯元管教很严，李伯元的母亲也经常督促他学习。所以，李伯元少年时就擅长八股文章，同时又能诗会画，词曲也作得很好。

李伯元看到国事一天不如一天，外国侵略者横行无忌，朝廷官吏卑躬屈膝，人民生活痛苦不堪。他痛恨朝廷的腐败，希望能改革政治。"公车上书"那一年，李伯元看了康有为等人的万言书，激动得好几天没睡好。他决定先干起来，到上海办报馆。李伯元来到上海，请了两个人帮忙，办起了《指南报》，想给大家指个正确的方向。但是由于时代和阶级的局限，他自己也没有明确什么是正确的方向，所以《指南报》影响不大，不久就改办《游戏报》。《游戏报》登载官场的笑料，社会上的奇闻轶事，舞女生活的花絮，娼妓遭遇的趣闻，以及诗赋词曲、演义小唱、灯谜对联等，内容丰富，文体多样，文笔滑稽诙谐，令人发笑。这样生动活泼的小报，很快受到群众的欢迎。大家在笑声里体会出作者对丑恶现象的憎恶和对事物的看法。

"百日维新"失败谭嗣同英勇就义

谭嗣同(1865—1898),湖南浏阳人,中国近代资产阶级著名的政治家、思想家,维新志士。他主张中国要强盛,只有发展民族工商业,学习西方资产阶级的政治制度。他公开提出废科举、兴学校、开矿藏、修铁路、办工厂、改官制等变法维新的主张,写文章抨击清政府的卖国投降政策。1898年变法失败后被杀,年仅33岁,世称"戊戌六君子"之一。

1898年9月18日深夜,谭嗣同单独来到袁世凯在北京的住处。两个人寒暄了几句后,就谈起了光绪皇帝召见的事。谭嗣同试探着问:"您对皇上的印象怎么样?"袁世凯感慨地说:"没说的,当今皇上是从来没有过的贤明君主。"谭嗣同不再犹豫了,马上取出光绪皇帝的密令给袁世凯看,诚恳地说:"现在皇上大难临头,只有你有能力救他。你既然忠于皇上,就应该竭尽全力搭救。"说着,他抬起手摸了一下脖子,又说:"你如果贪图富贵,就到颐和园去向太后告密。把我杀了,你就可以升官发财!"袁世凯站起来,正颜厉色地说:"你把我袁世凯当成什么样的人了?皇上是我们共待的君主,你我同受皇上的栽培提拔,营救皇上不仅是你的责任，也是我的责任呀！如果有用得到我的地方，你就只管说，我万死不辞！"谭嗣同说："现在荣禄他们想废掉皇上。您应该用您的兵力，杀掉荣禄，再发兵包围颐和园……事成之后，皇上掌了大权，清除那些老朽守旧的臣子，你就是天下第一等功臣。"袁世凯慷慨激昂地说："只要皇上下命令，我一定拼命去干。"谭嗣同说："别人还好对付。荣禄不是等闲之辈，杀他恐怕不容易。"袁世凯瞪大眼睛说："有什么难的？杀荣禄就像杀一条狗一样！"谭嗣同说："那我们现在就决定如何行动，我马上向皇上报告。"袁世凯想了想说："那太仓促了。我指挥的军队的枪弹火药都在荣禄手里，有不少军官也是他的人。我得先回天津，更换军官，准备枪弹，才能行事。"谭嗣同只好同意了。

送走了谭嗣同，袁世凯就沉思起来。他是个心计多端善于看风使舵的人，康有为和谭嗣同都没有看透他。袁世凯这次进京虽然表示忠于光绪皇帝，但是他心里明白掌握实权的是太后和她的心腹，便又和慈禧太后的心腹们勾搭上了。如今见了皇帝求救的密令，听了谭嗣同的劝说，他更加相信这次争斗还是慈禧太后能占上风。所以，他决定先稳住谭嗣同，再向荣禄告密。

9月20日，袁世凯又见了一次皇帝，便回天津。他一下火车就去见荣禄，把谭嗣同夜访的情况一字不漏地告诉了他。荣禄听得变了脸色，当天就坐专车到北京去颐和园面见慈禧太后，报告了光绪皇帝如何写下密诏，维新派又如何要抢先下手的事。他说："太后要马上拿定主意，不然就晚了！"慈禧太后听了冷笑一声说："哼！他还没那么大能耐。明天我就回城！"

第二天（农历八月初六，9月21日），天刚亮，光绪皇帝要到颐和园给慈禧太后请安，刚走不多远，就听说太后已经带人进了西直门。不一会儿，慈禧太后怒冲冲地进了皇宫，一直来到了光绪皇帝的住处。她对手下的人大喝一声："给我搜！去，把那个皇上给我叫来！"手下人一齐动手，把皇帝的所有文书全都拿走了。

当光绪皇帝闻讯赶来时，慈禧太后气得咬牙切齿，声色俱厉地斥责说："你好大的胆！你四岁的时候，我把你立为皇帝，抚养你二十多年。如今你长大了，竟听信小人的话，要设计害我。你好狠毒啊！"说着，她还流了泪。光绪皇帝默默无言，半天才吞吞吐吐地说："我……我没有这个意思。"

"呸！"慈禧太后唾了他一口，扯开嗓门说："忘恩负义的东西，你也不想想，今天没了我，明天还能有你吗？"她又高声命令随行的大臣们道："皇上得了病，今后不再理事。我虽然老了，但没办法，只好临朝听政了。"接着，她又命令逮捕维新派人士和官员。

软弱的光绪皇帝被带到瀛台幽禁起来。他的变法也到此结束了。从宣布变法到变法失败，只有103天的时间，所以人们又把戊戌变法叫"百日维新"。

谭嗣同是湖南浏阳县人。他读过许多哲学、政治、历史和自然科学方面的书，从书中汲取了丰富的知识和思想的营养。他的父亲谭继洵在多地做过地方官，他自幼随父亲到过甘肃、新疆和台湾，漫游了黄河两岸和大江南北，走了八万多里的路程。这不仅使他开阔了眼界，加深了对祖国的热爱，也使他亲眼看到了老百姓饥寒交迫的生活情景，从而产生了挽救民族危亡、为祖国的进步事业献身的念头。后来，谭嗣同到北京找到梁启超，两人成了亲密朋友。梁启超对谭嗣同十分佩服，写信给康有为说："谭嗣同才识明达，魄力绝伦。我见过的人很多，其中不乏有抱负的人物，但要数谭嗣同为第一。"不久，谭嗣同完成了《仁学》这部书。该书反对封建伦理道德，号召人们冲决封建伦常的罗网。他还在湖南巡抚陈宝箴和按察使黄遵宪的支持下，办起了新式学堂和《湘报》。从此，谭嗣同的名声越来越大，在北京的维新派大臣徐致清向光绪皇帝推荐了他。

光绪皇帝召见了谭嗣同，让他和杨锐、林旭、刘光第等四个人到军机处办事，参与主持变法。谭嗣同不辞辛劳，夜以继日地忙碌着。他没料到太后和皇帝的权力之争会使变法中途夭折。所以，当光绪皇帝处于危险境地时，变法救国的强烈愿望和对慈禧的强烈不满，促使他坚决站在了光绪皇帝一边。然而，他在急切中又上了袁世凯的当。事情终于急转直下，不可收拾。

事发当时，谭嗣同正在住处和梁启超商谈。有人来报告说："大事不好了！皇上已经被太后软禁起来。朝廷已经下令逮捕康先生，现在正派人四处搜查呢！听说没有抓住康先生，就把他的弟弟康广仁抓走了。"谭嗣同听了，心里像刀扎似的难受。他知道，变法已经失败了，可他毫无慌张的表情，从容地对梁启超说："以前我们没办法救皇上，现在我们没办法救康先生。我是不怕死的，就让他们来捉拿吧！"梁启超说："那怎么行呢！还是逃吧。"谭嗣同回答说："没有逃命的人，我们的事业就会中断，你应该走。请你顺便把我的书稿带走，等将来有机会时发表出来，唤醒后来的人。我是不走的。"说着，他把自己的书稿拿出来，交给梁启超。梁启超急急忙忙地离开谭嗣同的住所，先跑到日本公使馆，又辗转逃到日本去了。康有为因为在前一天已经离开北京，没被抓到，后来逃到了香港。

梁启超走后，谭嗣同又想起了他的武术老师大刀王五。他对随从说："去把王师傅请来，我要和他商量救皇上的办法。"随从说："宫禁森严，四处有人把守，你们怎么能进得去呢？囚禁皇上的瀛台，更是周围被水环绕，无法接近。"谭嗣同想到，自己救光绪皇帝的愿望已无法实现了，决心以身殉国。他整天待在浏阳会馆自己的书斋里，等候捉拿他的人。

有朋友劝他说："你离开北京还来得及，还是避避风头，到日本或者南方再说吧！"他父亲谭继洵也写信劝他说："我做过湖北巡抚，在那里有很多部下和朋友。你到那里去，他们会设法保护你的。"谭嗣同毅然拒绝了这一切劝告，他对朋友们说："各国变法，都是经过流血才成功的。中国还没有听说有因为变法而流血的人，这就是国家不能进步昌盛的原因。既然如此，为变法而流血的事，就从我谭嗣同开始吧！"

过了几天，荣禄派人逮捕了谭嗣同，押入了监牢。谭嗣同在牢房里从容自若。他看见地上有一个小煤块，就马上拣起来，在墙上题了一首诗。

　　望门投止思张俭，忍死须臾待杜根。

　　我自横刀向天笑，去留肝胆两昆仑。

意思是说，虽然死亡等待着我，但能为国家和民族利益而死，我感到自豪。我和康有为先生都是像昆仑山一样挺立的人，他一定会担负起天下兴亡的重任，完成我们未完成的事业。

农历八月十三日（9月28日），清朝政府决定杀害谭嗣同和另外五位被捕的人：林旭、杨深秀、刘光第、杨锐、康广仁（后来，人们称他们为"戊戌六君子"）。这天中午，他们被押到北京菜市口刑场。在刽子手行刑之前，谭嗣同面带微笑，向前一步，高声对围观的群众念了他的诗句。

　　有心杀贼，无力回天；

　　死得其所，快哉快哉！

谭嗣同的英勇就义，表现了爱国志士们为了国家的进步牺牲生命的英雄气概，也说明了想依靠朝廷本身改革社会不过是幻想。中国人民要想摆脱帝国主义的侵略，求得国家的富强，就必须推翻腐朽的清王朝。

■故事感悟

谭嗣同的死表现了他为了国家的进步不惜牺牲生命的英雄气概，也说明了中国人民要想摆脱帝国主义的侵略，求得国家的富强，只有敢于斗争，才能达到目的。

■史海撷英

慈禧"变法立宪"

"戊戌变法"失败以后，慈禧太后本想另立一个皇帝。她让端郡王载漪的儿子溥俊做大阿哥，准备代替光绪皇帝。可这件事传出去，各国都表示反对，因为他们认为光绪皇帝曾主张向西方学习，又反对支持义和团，是个与外国人友好的君主，不应当废除。后来，八国联军进了北京，慈禧太后也感到了外国势力的可怕，只好废去了大阿哥，仍然保留了光绪皇帝的位子，有时候还让他出来装装门面，只是一点实权也不给他。

《辛丑条约》签订后，慈禧忽然也说要"变法"了。光绪二十六年十二月（1901年1月），慈禧以她和皇帝的名义发出文告说，皇太后和皇帝要同心一致，实行变法，要取外国之长补中国之短，还说国家的安危全在此举。原来，她宣布"变法"，一是讨好外国列强，改变自己因为杀害维新人士和支持义和团而给人"顽固守旧"的印象；二是为了应付国内各界要求改革的声浪。

于是，清朝政府的"新政"开始了：奖励私人资本办工业；废除科举制度，建立学堂，提倡出国留学；改革军制，组建新式军队，等等。这些，本来都曾是戊戌变法的内容，慈禧把这些接过来，说成是自己的"法"。但是，这些"新法"带来的变化，比起《辛丑条约》带来的灾难，真是小得可怜，再也提不起人们的精神来了。

慈禧感到了这一点，索性又往前走一步。她同意实行"君主立宪"制。"君主立宪"，就是制定国家宪法，用宪法限制君主的权力，比过去的"君主专制"多了一些民主色彩。

光绪三十四年（1908），慈禧74岁，常常感觉身体无力，头昏眼花。光绪皇帝虽然只有38岁，但是多年心情郁闷孤独失望，加上身体一向病弱，也在瀛台病倒了。这年十月二十一日，他竟没活过年老的太后，先死了。紧接着第二天，慈禧太后也咽了气。皇帝和皇太后在两天之内先后死去，这就使人不能不怀疑其中有什么名堂。有人说，慈禧太后担心光绪皇帝在她死后会翻戊戌变法的案，就派人下了毒手。

慈禧统治了中国40多年，除了专制独裁、压制改革和挥霍享乐以外，最重要的是干了不少丧权辱国的事，所以她成了被后人痛恨的老太婆。在死前几天，她仍然紧抓大权不放，让只有3岁的溥仪继承皇位（就是宣统皇帝），让溥仪的父亲载沣（光绪皇帝的亲弟弟）当摄政王代行职权，而大事仍然要报告新的太后（隆裕太后）做最后决定。

■文苑拾萃

冯如造飞机

冯如16岁时，在美国三藩市（今通译为旧金山市）做小商贩的舅舅回国探亲，见他家的生活太艰难了，就向他父母提出要冯如到美国谋生。

冯如跟着舅舅远渡重洋，来到美国旧金山，到工厂做工。他一边干活一边自学英文，很快就能自食其力了。同时他对机器制造产生了浓厚的兴趣。两年后，他独自到纽约去做工人，用微薄的薪金中挤出钱来购买了很多有关机械学的书籍，利用晚上的时间刻苦攻读，学习制造机器的工艺。有些工友笑他是书呆子，他毫不介意。

功夫不负有心人。冯如通过自学终于成了博学多能的青年。他不仅通晓36种机器的制造原理，而且还发明了抽水机、打桩机等机器，并且制作了能发能收的无线电报机，电码灵敏准确，使当地的美国人无不惊讶。1903年，世界上第一架飞机在美国问世了。这是人类技术史上的创举，立刻轰动了全世界，冯如也为之振奋。他想，美国人能造飞机，我为什么不能？于是，他又开始钻研飞机的制造技术。

1904年至1905年，日本和俄国在中国的东北进行了一场战争。清朝政府不仅不加阻止，竟置国家主权和人民于不顾，无耻地宣称日俄两国都是中国的"友邦"，中国对他们之间的战争保持"中立"。战争期间，日俄两国军队都以东北人民为对方的"奸细"为借口，任意屠杀。至于抢劫财物、焚烧房舍、强奸妇女等事，则更是他们所到之处随时发生的。冯如在纽约听到这些消息后，悲愤地对同伴们说："中国之所以处处吃亏，就是因为军事上落后。中国如果有上千架飞机分别守住港口，就可以对付外国入侵了。"同伴们说："政府不制造飞机，我们能有什么办法？"冯如说："我们虽然不能左右政府，但可以身体力行。我一定要学会制造飞机，驾驶飞机，将来在中国倡导飞行事业。"

经过冯如的刻苦努力，一架由他改进的，机翼、方向盘、螺旋桨和内燃机等大小部件全都是他自己制造的莱特式飞机终于研制成功了。1909年9月21日，冯如驾驶着自己研制的飞机在奥克兰市上空翱翔了2640英尺。这是中国人第一次驾驶飞机在天空飞行。

白朗反袁专制起义

> 白朗（1873—1914），农民起义领袖。为反对袁世凯的专制统治，1911年率领豫西一带农民发动武装起义。白朗起义是袁世凯统治期间，规模最大、坚持时间最长的武装反抗斗争。

民国初年，河南一带农村灾荒严重，加上河南都督张镇芳横征暴敛，民不聊生，饥民、乞丐成群。白朗与李鸿宾、宋老年等绿林头目联合起义，白朗被推为首领。他们以舞阳县母猪峡为根据地，提出"打富济贫"的口号，聚众抗官，队伍很快发展至五六百人，活动在豫西广大农村一带。

1913年7月，"二次革命"前夕，起义军接受革命党人联合反袁的要求，先后攻克唐县、禹河等地，声威大振。9月，起义军发展到2000余人，攻入湖北。随后复入河南，在均县、鲁山、宝丰等地，与鄂、豫、陕三省联军激战。"二次革命"爆发后，白朗于9月南下，夺取湖北枣阳，占据县城11天。11月又攻占宝丰县城。1914年1月，白朗率领2000人，消灭了进入豫西的官军，越过京汉铁路，接连攻破光山、潢川、商城及安徽省六安、霍山等县城。

起义军如同狂风暴雨，横扫中原大地，使北洋政府军疲于奔命。2月13日，袁世凯令陆军总长段祺瑞兼代河南都督，指挥包括鄂豫皖地方部队在内的北洋政府军共数万人"围剿"。此时，英、俄等国驻京使馆武官赶赴河南，以"观战"为名为段祺瑞出谋献策。

　　起义军声东击西，突围后又西进鄂北，3月8日攻占重镇老河口，14日攻克河南荆紫关。此时，起义军已经发展到2万余人。白朗张贴布告，反对专制，力主共和。段祺瑞部署各部队分八路"围剿"。

　　白朗起义军决定西征陕、甘，伺机入川，17日由荆紫关等地分路西进，连克富水、商南，进入陕西。袁世凯令北洋政府军第七师师长陆建章为西路"剿匪"督办，率数万人对起义军前堵后追。

　　4月下旬，起义军在陕、甘交界的固关击溃北洋政府军，进入甘肃。随后，破伏羌（今甘肃甘谷）、天水等地，击毙总兵马国仁。后入川受阻，退入甘肃岷县、临潭少数民族地区。因在当地械弹、给养补充困难，加上北洋政府军追堵夹击，处境危险，遂决定回师河南。

　　5月下旬，起义军万余人从临潭出发，先后突破北洋政府军重兵设防的岷县、宝鸡、荆紫关三道防线，于6月底返回豫西时仅剩数千人。队伍由大小将领带领分散活动，不久被北洋政府军队各个击破。

　　1914年8月初，白朗率领数百人在鲁山石庄与官军搏战，负伤身亡，部队溃散，起义失败。

　　白朗起义是在辛亥革命之际由朴素的"打富济贫"发展到反对袁世凯反动统治的一次农民革命运动。起义之初，起义军每占一座城镇，便"令殷富输纳财物"救济穷人，释放被囚禁的劳苦群众。后受革命党人的影响，白朗等逐步加深了对袁世凯反动本质的认识。

从1913年开始，白朗公开打出讨袁的旗号，到处张贴反袁的布告，揭露袁世凯"虽托名共和，实厉行专制"，指斥"袁贼世凯，狼子野心，以意思为法律，仍欲帝制自为"，"摧残吾民，盖较满洲尤甚"。白朗等还抨击袁世凯对于沙俄入侵外蒙、英国入侵西藏所采取的妥协投降政策，并对外国传教士等采取了惩罚措施，表现出明显的反帝倾向。最后，他直接提出了"逐走袁世凯，设立完美之政府"的政治主张。由于起义军的行动既反映了广大贫苦农民的要求，又顺应了资产阶级民主革命的潮流，因而得到比较广泛的支持和拥护。

白朗起义军作战勇敢，具有勇往直前、不怕牺牲的精神。同时，在战术运用上也比较灵活，能根据敌众己寡的特点，善于避实击虚，机动作战，或从内线跳到外线，或出其不意地袭击守备薄弱或孤军冒进之敌。加上行军快速，常使敌军"徒事跟追，疲于奔命"，围追堵截一再落空。追击起义军最卖力的赵倜就曾哀叹："尾追固非善策，围剿亦难奏功，言念及此，忧心如焚。"起义军在进攻城镇时，注意依靠群众，事先派人潜入，里应外合，或声东击西，长途奔袭，使敌人猝不及防，从而以较小的代价，取得较大的战果。这些是白朗起义武装得以存在、发展和坚持三年之久的主要原因。

这次起义的失败，客观上由于敌人强大，尤其是"二次革命"失败后，袁世凯的统治趋于巩固，得以集中力量对付起义军；主观上由于缺乏明确的反封建纲领，西进陕甘是战略上的失策，长期流动作战，没有建立山区根据地，偏重于攻城取物，未能大量歼灭敌人的有生力量，缺乏巩固提高部队的有力措施。

白朗比较强调群众纪律，要求部队不侵犯劳动人民的利益。但军队内部的组织始终比较松散，缺乏严格的组织纪律，加上长期流动作战，缺乏必要的训练，未能使之向正规军转化。在思想建设方面，虽由资产阶级革命党人进行了一些民主主义革命的宣传，但根本无力改变农民小生产者短浅的政治眼光，不能克服宗派观念、家乡观念、自由散漫等弱点，以致最后出现了自动解体，被敌人各个消灭的惨痛结局。

■故事感悟

白朗起义历时三年，根据敌众我寡的特点，善于避实击虚、声东击西、机动快速和长途奔袭，先后转战豫、鄂、皖、陕、甘五省，征程数千里，先后同北洋政府军队20多万人作战，出其不意地打击敌人，攻破县城40余座和许多关隘，所到之处"劫富济贫"，沉重打击了各地的封建势力，冲击了袁世凯的反动统治。

■史海撷英

袁世凯出卖民族利益

1911年底，在沙皇俄国策动下，外蒙古"独立"，成立"大蒙古国"。袁世凯的北洋政府同俄国订立《中俄声明》，中国政府丧失了外蒙古的领土、主权，只保留了一个宗主权的虚名。第一次世界大战爆发以后，日本借口对德宣战，出兵山东，强占了胶济铁路和青岛，袁世凯没有任何反对的表示。1915年，他基本上接受了日本灭亡中国的"二十一条"。

■文苑拾萃

安阳袁林

袁林位于安阳市北郊洹水北岸的临府庄北地，是袁世凯的墓园所在地，现为安阳博物馆馆址所在地。墓园建筑最大的特点是中西合璧，堂院前的部分是明清皇陵的风格，堂院后的墓园部分则具有西洋建筑特色，整体看来非常别致。主要有照壁、神道、牌楼、碑亭、享堂大院等建筑。

袁世凯墓位于洹水北岸，修建时花费了两年的时间。"占地一百三十八亩九分八厘八毫六丝九忽，支出银圆七十三万二千七百五十四元一角九分一厘"，这些数字都翔实地记录在《袁公林墓工报告》中的清单上。在那个朝代交替的动荡年代，还有这些心静如水者能细心地把面积精确到忽，把资金精确到厘，着实令人佩服。

在所用 70 多万银元中，北洋政府出银 50 万两，其余部分由袁世凯北洋旧部个人捐款，多者现币 1 万元，少者也没有低于 2000 元的。《袁公林墓工报告》记载，"袁公遗产不丰未忍轻动，而库币奇拙难在请求爰兴，段君祺瑞、王君世珍、段君芝贵、张君镇芳、雷君震春、袁君乃宽、阮君忠枢公统筹议，发起微资萃袍泽卅年之谊，竟山陵一篑之功，群策群力集捐款银币二十五万元"。

当年的袁坟四周逐排栽种有杨树、柏树、槐树，周围还有大片的祭田。袁公林竣工以后，时任大总统、袁世凯的好友徐世昌亲临安阳勘察，并授意在原京汉铁路洹上村处添置神道碑一座，以示景仰。

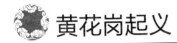

黄花岗起义

黄兴（1874—1916），原名轸，改名兴，字克强，一字廑午，号庆午、竞武，革命时期化名李有庆、张守正、冈本、今村长藏。湖南省长沙府善化县高塘乡（今长沙黄兴镇凉塘）人，中华民国开国元勋。辛亥革命时期，以黄克强闻名当时，与孙中山常被时人以"孙黄"并称。1916年10月31日，黄兴在上海去世。1917年4月15日，受民国元老尊以国葬，葬于湖南长沙岳麓山。著作有《黄克强先生全集》《黄兴集》《黄兴未刊电稿》及《黄克强先生书翰墨绩》刊行。

甲午战争以后，各帝国主义国家掀起了瓜分中国的狂潮，中华民族面临着亡国灭种的现实威胁。为挽救民族危亡，以孙中山先生为杰出代表的资产阶级革命派登上了历史舞台。

1905年8月，中国有史以来第一个资产阶级政党——中国同盟会成立。在同盟会的领导下，资产阶级革命党人发动了一次又一次以推翻腐朽的清朝封建统治、建立资产阶级共和国为目的的武装起义，1911年4月爆发的"黄花岗起义"就是其中的一次。这些起义在不同程度上打击了清朝统治，为后来"武昌起义"一举成功奠定了基础。

清政府在《辛丑条约》签订后，完全成了帝国主义的走狗，成了"洋人的朝廷"。中国近代社会两大主要矛盾（即帝国主义和中华民族的矛盾，封建主义和人民大众的矛盾）的焦点都集中在清政府这里，只有推翻清朝的统治才能拯救民族。于是，从20世纪初开始，革命就成了不可阻挡的历史潮流。资产阶级革命党人不断利用会党和新军发动武装起义。

　　1906年12月，同盟会推动和领导了规模巨大的萍浏醴起义。1907年、1908年，同盟会又在西南边境地区先后发动了六次武装起义：潮州黄冈起义、惠州七女湖起义、防城起义、镇南关起义、钦廉上思起义、河口起义。光复会也在1908年11月发动安庆新军马炮营起义。这些起义皆因准备不足，单纯冒险，结果都以失败告终。

　　1910年2月，同盟会成员倪映典率广州新军3000人起义，又遭失败。

　　连续的失败使少数革命党人对前途失去信心，转而走上暗杀道路。但孙中山等人在失败面前不气馁，对革命成功充满信心。他们决定在广州发动一次更大规模的起义，以此推动全国革命形势的发展。

　　1910年11月，孙中山在马来西亚槟榔屿召开秘密会议，商量卷土重来的计划。参加会议的有同盟会的重要骨干黄兴、赵声、胡汉民等人。会议决定再发动一次大规模的广州起义。他们计划以广州新军为主干，另选革命党人500名（后增至800名）组成"选锋"（敢死队），首先占领广州，然后由黄兴率领一军入湖南，赵声率领一军出江西，谭人凤、焦达峰在长江流域举兵响应，然后会师南京，举行北伐，直捣北京。

　　同盟会接受历次起义失败的教训，在起义发动前进行了认真细致的准备，筹款购械、组织联络都有专人负责。为了更好地领导起义，1911年1月，同盟会在香港成立统筹部，以黄兴、赵声为正副部长，下设调度处、储备课、交通课、秘书课、编辑课、出纳课、总务课、调查课等机构，具体领导这次起义，并陆续在广州设立秘密据点，作为办事和储藏军械的地点。革命党决心把这次起义组织好。

统筹部成立后，各课分别派人进入广州开始活动。4月8日，省城内外及各省革命力量大体联络就绪。统筹部决定将起义日期定在4月13日，分十路进攻，赵声为总司令，黄兴为副司令。"选锋"之外，加设放火委员，预备临时放火，扰乱清军军心。

但是，就在统筹部开会这一天，发生了同盟会员温生才刺杀署理广州将军孚琦事件，广州戒严。加上美洲的款项和由日本购买的军械也未到，因此，起义日期不得不推迟。

4月23日，黄兴由香港潜入广州，在两广总督衙门附近的小东营五号设立起义指挥部。当时，广州革命党人已决定于26日举义。因日本、安南方面的枪械稍迟方能运到，而准备响应起义的新军第二标又有5月3日（农历四月初五）即将退伍的消息，这就使起义陷于既不能速发、又不能拖延的困难境地。黄兴等人临时决定起义延缓一日，定在4月27日，将原定十路进军计划改为四路：黄兴率一路攻总督衙门；姚雨平率军攻小北门，占飞来庙，迎接新军和防营入城；陈炯明带队攻巡警教练所；胡毅生带队守南大门。但胡毅生、陈炯明等认为清军已有防范，提议改期。姚雨平反对改期，但要求发枪500支以上。黄兴在喻培伦、林文（时爽）等人激励下，决定无论如何也要按期发难。

1911年4月27日下午5时30分，黄兴带领"选锋"120余人，臂缠白巾，手执枪械炸弹，吹响海螺，直扑督署。督署卫兵进行顽抗，革命军枪弹齐发，击毙卫队管带，冲入督署。两广总督张鸣岐逃往水师提督衙门。黄兴等找不到张鸣岐，便放火焚烧督署衙门，然后冲杀出来，正碰上水师提督李准的亲兵大队。林文听说李军队内部有同志，便上前高呼："我等皆汉人，当同心戮力，共除异族，恢复汉疆，不用打！不用打！"话未讲完，被敌人一枪击中，当场牺牲。刘元栋、林尹发等5人也相继中弹。黄兴被打断右手中食二指第一节，便以断指继续射击。随后，黄兴将所部分为三路：川、闽及南洋党人往攻督练公所；徐维扬率花县党人40人攻小北门；黄兴自率方声洞、朱执信等出南大门，接应防营。

攻督练公所的一路途遇防勇，绕路攻龙王庙。喻培伦胸前挂着满满一筐炸弹，左手执号筒，右手拿手枪，奋勇当先，投掷炸弹。战至半夜，终因寡不敌众，全身多处受伤，率众退至高阳里盟源米店，以米袋作垒，向敌军射击。后因敌军放火，他们才被迫突围，喻培伦被俘遇害。

往小北门的一路也很快遭遇清军。经过一夜作战，打死打伤敌人多名。最后，张鸣岐放火烧街，徐维扬率部突围，被敌逮捕。黄兴所率一部行至双门底后，与温带雄所率计划进攻水师行合的巡防营相遇。温部为入城方便，没有缠带白巾，方声洞见无记号，便开枪射击，温带雄应声倒下。对方立即发枪还击，方声洞牺牲。战至最后，只剩黄兴一人，才避入一家小店改装出城。4月30日回到香港。

这次起义，除黄兴一部及顺德会党按期发难外，其余各路均未行动。新军子弹被收，没有作战能力；胡毅生、陈炯明事先逃出了广州城；姚雨平因胡毅生刁难，未能及时领到枪械，起义爆发后藏匿不出。这样，起义成为黄兴一路的孤军作战。

起义失败后，广州革命志士潘达微收殓牺牲的革命党人遗骸72具，葬于广州郊外的红花岗，并将红花岗改为"黄花岗"，史称"黄花岗72烈士"。这次起义因而也称为"黄花岗起义"。

□故事感悟

黄花岗起义是辛亥革命中一次影响很大的武装夺取政权的尝试。它虽然失败了，但其伟大历史意义和功绩不可磨灭。黄花岗起义解放了人们的思想，促进了民主革命精神的进一步高涨，为中国人民民主革命事业开辟了前进的道路。

黄兴与孙中山

孙中山与黄兴是建立中华民国的两位最高元勋，常常以"孙黄"并称。

清末的重要革命团体和革命活动，多为两人所谋划组织。1905年，孙中山所建立的兴中会与黄兴所建立的华兴会等团体，在日本东京合并成立了中国同盟会。在同盟会成立会上，黄兴提议："公推孙中山先生为本会总理，不必经选举手续"，孙中山被推为总理。

1906年，在讨论中华民国国旗时，孙中山主张青天白日旗，黄兴主张用井字旗，认为青天白日旗的形式不美，且与日本太阳旗相近，有日本并华之嫌。双方争执不下，孙中山坚持己见，黄兴力争不得，甚至大怒，誓言要脱离同盟会籍。章太炎、刘揆一则从中调解，暂时搁置议案。这是辛亥革命以前孙、黄最大的一次分歧。1927年，率领国民革命军北伐成功的蒋中正，在南京组织国民政府时，依孙中山生前遗愿，把国旗更改为青天白日满地红旗。

1907年，光复会的章太炎、陶成章等人以潮州起义失败为由，要求罢免孙中山的总理职务，另举黄兴担任。黄兴推辞，最终光复会退出中国同盟会。

1909年秋天，陶成章等起草《孙文罪状》，再次对孙中山发难，要求改选同盟会总理。黄兴极力进行抵制。黄兴在给孙中山的信中，表达了"陶等虽悍，弟当以身力拒之"的态度。

在辛亥革命以前的几次"倒孙"风波中，黄兴素以"成事不必在我"的信念，坚定地拒绝名利的诱惑，其大公无私和忍让顾全的态度，赢得了多数民国元老乃至于后世人的敬重。

辛亥革命推翻君主制

　　孙中山（1866—1925），近代民主革命家，中国国民党创始人，三民主义的倡导者。他首举彻底反封建的旗帜，"起共和而终两千年封建帝制"，1905年成立中国同盟会。1911年辛亥革命后被推举为中华民国临时大总统。1940年，国民政府通令全国，尊称其为"中华民国国父"。1929年6月1日，根据其生前遗愿，将陵墓永久迁葬于南京紫金山中山陵。

　　武昌起义前夕，由于中国的各种社会矛盾不断激化，人民群众的反抗斗争持续不断，革命党人不断发动武装起义。1906年，清廷宣布"预备立宪"，其实质是加强皇族的权力。广大立宪派对此极为不满。

　　1908年，慈禧与光绪相继去世，年仅3岁的宣统皇帝溥仪即位，其父载沣摄政。1911年5月，清政府公布的内阁名单中满族人有九名（其中七名是皇族），汉族人有四名，被人称为"皇族内阁"。立宪派对此大失所望，有少数人参加了革命党。为取得外国的支持，以维护统治，清廷将广东、四川、湖北、湖南等地的商办铁路收为国有，然后再卖给外国人。清廷的卖国行径激起了全国大规模的人民反抗运动——保路运动。

运动在四川省尤其激烈，各地纷纷组织保路同志会，推举立宪党人蒲殿俊、罗纶为正副会长，以"破约保路"为宗旨，参加者以 10 万计。清政府下令镇压。9 月 7 日，四川总督赵尔丰逮捕罗纶、蒲殿俊等保路同志会代表，枪杀数百名请愿群众。第二天又下令解散各处保路同志会。这激起四川人民更大愤怒，群众将各处电线捣毁，沿途设卡，断绝官府来往文书。在同盟会龙鸣剑、王天杰等人组织下，掀起武装暴动，把保路运动推向高潮，成为武昌起义的先声。

文学社和共进会两个革命团体在湖北新军中开展革命宣传工作，在新军中发展革命力量，积极准备起义。1911 年初，两团体领袖秘谈，准备起义，文学社社长蒋翊武为革命军临时总司令，共进会孙武为参谋长，以文学社的机关为临时总司令部。

清廷为扑灭四川的人民起义，派出大臣端方率领部分湖北新军入川镇压，致使清军在湖北防御力量减弱，革命党人决定在武昌发动起义。1911 年 9 月 14 日，文学社和共进会在同盟会的推动下，建立了统一的起义领导机关，联合反清。9 月 24 日，两个革命团体召开联席会议，决定在 10 月 6 日发动起义。革命党人的活动被湖北当局察觉，处处提防，再加上同盟会的重要领导人黄兴、宋教仁等未能赶到武汉，起义延期。

10 月 9 日，孙武等人在汉口俄租界配制炸弹时不慎引起爆炸。俄国巡捕闻声而至，搜出革命党人名册、起义文告等，秘密泄露。湖广总督瑞澄下令关闭四城，四处搜捕革命党人。情急之下，革命党决定立即于 10 月 9 日晚 12 时发动起义。但武昌城内戒备森严，各标营革命党人无法取得联络，当晚的计划落空。

新军中的革命党人自行联络，约定以枪声为号，于 10 月 10 日晚发动起义。10 月 10 日晚，新军工程第八营的革命党人打响了武昌起义的第一枪，夺取位于中和门附近的楚望台军械所，吴兆麟被推举为临时总指挥。缴获步枪数万支，炮数十门，子弹数十万发，为起义的胜利奠定了基础。

此时，驻守武昌城外的辎重队、炮兵营、工程队的革命党人亦以举火为号，发动了起义，并向楚望台集结。武昌城内的二十九标的蔡济民和三十标的吴醒汉亦率领部分起义士兵冲出营门，赶往楚望台；尔后，武昌城内外各标营的革命党人也纷纷率众起义，并赶向楚望台。起义人数多达3000多人。

10月10日晚上10点30分，起义军分三路进攻总督署和旁边的第八镇司令部，并命已入城的炮八标在中和门及蛇山占领发射阵地，向督署进行轰炸。起初，起义军没有一个强有力的指挥，加上兵力不够，进攻受挫。晚12点后，起义军再次发起进攻，并突破敌人防线，在督署附近放火，以火光为标志，蛇山与中和门附近的炮兵向火光处发炮轰击。湖广总督瑞澄打破督署后墙，从长江坐船逃走，第八镇统制张彪仍旧在司令部顽抗。起义军经过反复的进攻，终于在天亮前占领了督署和镇司令部。张彪退出武昌，整个武昌在起义军的掌控之中。

汉阳、汉口的革命党人闻风而动，分别于10月11日夜、10月12日光复汉阳和汉口。起义军掌控武汉三镇后，湖北军政府成立，黎元洪被推举为都督，改国号为中华民国，并号召各省民众起义响应。

武昌起义胜利后的短短两个月内，湖南、广东等15个省纷纷宣布脱离清政府，宣布独立。1912年1月1日，中华民国临时政府在南京成立，孙中山被推举为临时大总统。1912年2月12日，清帝溥仪退位，清朝灭亡。

这次起义创建了湖北军政府，成为共和政权的雏形，并引发各省响应。不到两个月就诞生了中华民国，建立了以孙中山为首的南京临时政府，取得了辛亥革命的胜利。

辛亥革命的历史功绩，首先是敲响了清王朝封建统治的丧钟。革命军攻克总督府，占领武昌，消灭清军大批有生力量，在中国腹地打开一个缺口，成为对清王朝发动总攻击的突破口，并在全国燃起燎原烈火，沉重地打击了清政府，致使1912年2月清帝被迫退位，结束了两百多年清王朝封建统治和两千多年的君主专制统治。

■史海撷英

阳夏保卫战

1911年10月10日，武昌起义震惊了清政府，清政府迅速做出反应。1911年10月12日，清政府撤销瑞澄职务，命他戴罪立功，暂时署理湖广总督；停止永平（今河北卢龙县）秋操，令陆军大臣荫昌迅速赶赴湖北，所有湖北各军及赴援军队均任其节制；令海军提督萨镇冰率领海军和长江水师，迅速开往武汉江面。14日，清政府编组一、二、三军，以随荫昌赴湖北的陆军第四镇及混成第三协、十一协为第一军，荫昌为军统（也称总统）；以陆军第五镇为第二军，冯国璋为军统；以禁卫军和陆军第一镇为第三军，载涛为军统。三军迅速向汉口附近集结。

面对这一形势，湖北军政府于10月15日决定首先扫荡汉口敌军，然后向北推进，以阻止清军南下。从10月18日出战汉口，到11月27日汉阳失陷，前后战斗41天，史称"阳夏战争""阳夏保卫战"，或"汉口、汉阳保卫战"。

在这41天之中，湖南、陕西、江西、山西、云南、浙江、贵州、江苏、安徽、广西、福建、广东、四川等省先后独立，关内十八省中只剩下甘肃、河南、直隶、山东四省效忠清朝政府，故阳夏保卫战对于辛亥革命的成功具有重大意义。

左权为国捐躯

左权（1905—1942），字叔仁，中国工农红军和八路军高级指挥员，著名军事家，湖南省醴陵人。他是八路军在抗日战场上牺牲的级别最高的指挥员，周恩来称他"足以为党之模范"。

名将以身殉国家，愿拼热血卫吾华。

太行浩气传千古，留得清漳吐血花。

这是1942年6月5日朱德总司令在延安接见左权烈士的夫人刘志兰时，亲笔题写的一首诗。这首诗刻画出了中国著名的无产阶级军事家左权英勇忠贞、以身殉国的光辉形象，也表达了人们对左权的无限崇敬和深刻怀念。

左权，1905年3月15日出生在湖南省醴陵平桥乡黄茅岭一个贫苦农民家庭，祖辈以租佃地主土地为生。1岁半丧父，6岁开始劳动，8岁在平桥小学读书，少年时就很有壮志。他10岁那年，得知袁世凯同日本签订丧权卖国的"二十一条"，义愤填膺，在两块木板上写了"莫忘五九国耻""五月九，忆国仇"的大字。

1916年春荒，他12岁的三哥外出借粮，因饥饿无力滑进水塘淹死。此事使他对旧社会的不公道愤愤不平，他曾愤慨地说："中国的社会真奇怪，富人的孩子有钱读书不愿读，穷人的孩子想读不能读，这样的社会非改改不可。"

左权进入县立中学读书后，积极寻求救国救民的真理，参加了学校里中国共产党组织领导下的"社会科学研究所"，如饥似渴地阅读《马克思主义浅说》《新青年》《向导》等进步书刊，开始接受革命思想，决心献身中国革命事业。

1924年3月，左权考入孙中山大元帅府军政部在广州主办的陆军讲武学校，同年11月转入黄埔军校第一期。

左权从黄埔军校毕业后，随即参加统一广东的讨伐军阀陈炯明的东征。在1925年3月13日的棉湖战役中，左权带领六连突袭敌军阵地，击破了林虎的阵线，在鸭婆桥头首创战功。6月，他随军回师广州，奉命扼守广州车站，控制叛军运送增援部队。在平定军阀杨希闵、刘震寰的叛乱中初立战功。

同年11月，左权因学习、战斗表现突出，被选派到苏联留学，先入莫斯科中山大学，后入伏龙芝军事学院。

1930年初，左权由莫斯科经海参崴，从绥芬河回到东北。后进入中央苏区工作。左权先任中国工农红军军官学校教官、龙岩军官学校第一分校校长，后任总前委野战司令部作战科科长，红十五军军长兼政委、第一军团参谋长等职。

1932年3月，中央红军为开辟革命根据地，组成东路军东征福建漳州，左权等率红十五军担任前锋。4月2日，部队由新桥十里铺往长汀宿营。4月7日，左权与朱瑞等人在大池研究攻打张贞前哨二九一团、第二补充营和防守龙岩城内的独立团的作战方针，左权等率部勇猛插入敌军左翼，攻下南靖，把敌人打得溃不成军。这一胜利对巩固和发展闽西革命根据地、支援东江地区的斗争，起了重大作用。

1934年10月，红一军团离开兴国前线，在宽田集结，于15日向西南进军。左权率部参加了举世闻名的二万五千里长征。

在关家垴战斗中，左权在枪林弹雨中指挥部队与敌搏斗。10月30日，窜至山西左会的日军三十六师团冈崎大队，在八路军阻击下，被逼到武乡县关家垴和柳树垴一带，左权指挥八路军分四路把敌人团团包围，展开猛烈地攻击，战斗十分激烈。突然，一颗炸弹在指挥所旁炸开，气浪把庙顶掀掉一角。警卫人员劝左权将指挥所后撤，他说："一个指挥员怎么能考虑个人安危，战士们离不开我们，他们在浴血苦战啊！"他立即命令指挥所全体人员向前推进。经过几昼夜的激战，8000多人的冈崎大队最后只剩下30多人。

1941年11月，日军开始了第三次"强化治安运动"，对太行地区发动了以捕歼我首脑机关、摧毁我兵工厂为主要目标的所谓"捕捉奔袭"。日军三十六师团和四一九混成旅共4000多人，从山西黎城疯狂地向黄崖洞袭击，企图一举摧毁八路军兵工厂。

左权指挥总部特务团抗击敌人。战前，他指示部队采取"咬牛筋"战法，要掌握一个稳字，要不骄不躁、不惶不恐、以守为攻、以静制动。先在山口处顶两天，杀杀敌人势头；在二道防线再顶两天，然后再上高山，待增援部队赶到再来个反包围。

10日傍晚，敌兵分两路进抵达上河、赵姑村和上下赤峪一线。当日夜，敌先头部队接近槐树坪，偷袭南口，遭到我军打击后，其主力被迫提前展开。11日拂晓，敌向我南口阵地急袭三次未逞，天亮后又在炮火掩护下再次发起强攻，并向我前沿和纵深阵地施放毒气。这时，左权指示特务团立即抢救中毒人员，坚守勿出，待机破敌。经过八昼夜激战，八路军总部特务团在兄弟部队、工人和民兵的支援和配合下，以1500余人的团队抗击5000多敌人的进攻。我军仅以伤亡166人的代价，赢得了歼敌1000余人的重大胜利，"开中日战况上敌我伤亡对比空前未有之纪录"，创造了抗日战争史上以少胜多的著名战例。

1942年2月，日军发动了以辽县麻田八路军总部为目标的"二月大扫荡"，总部决定暂时转移出麻田。左权先护送走彭德怀和罗瑞卿之后，又折回来指挥战斗。他指挥一个警卫连，与上千敌人激战两个多小时，予敌以杀伤后，利用敌人的空隙，带领警卫连撤出麻田。

同年5月，敌人又纠集其精锐部队三十六师团、四十一师团和独立第一、三、四、八旅团各一部，共3万余兵力，分五路向总部进行报复性奔袭式的大"扫荡"，而我军只有两个团守备，情况十分紧急。左权召开紧急会议，大家认为总部机关已处在敌人的合击圈内，而且山区道路小、机关人员多、目标大，集中行动很困难，决定迅速分路突围，突围战斗由左权统一指挥。

24日，机关趁夜转移，突破了敌人三道封锁线，队伍正在十字岭吃饭，突然两翼受到一万多敌人的包抄袭击。左权一边命令部队坚决阻击，一边组织机关人员突出山口。直到25日上午，总部机关终于突出重围。左权检查部队人员，发现担文件箱的人还没有上来，他立即命令身边的警卫员转回去找。警卫连长请左权赶快离开，但左权不顾个人安危，决心率领最后一批队伍冲出敌人包围圈。当队伍冲到最后一个严密封锁点时，左权不幸被敌人的炮弹击中，为国壮烈牺牲。

1942年10月10日，晋冀鲁豫边区党政军民5000余人，在涉县石门公葬左权。彭德怀亲笔撰写了《左权同志碑志》，碑文的内容是："左权同志，湖南醴陵人，幼聪敏，性沉静。稍长读书，即务实用，向往真理由切。1925年参加中国共产党，献身革命，生死以之。始学于黄埔军校，继攻于苏联陆大。业成归国，戮力军事，埋头苦干，虚怀若谷，虽临百险，乐然不疲。以孱弱领军长征，信见积极果决之精神。中国红军之艰苦缔造，实与有力焉。迨乎七七事变，倭寇侵凌，我军奋起抗敌，作战几遍中原。同志膺我军副参谋长之重责，五年一日，建树实多。不幸1942年5月25日清漳河战役，率偏师与十倍之倭贼斗，遽以英勇殉国。闻得年仅三十有六。壮志未成，遗恨太行。露冷风凄，恸失全民优秀之指挥，隆冢丰碑，永昭坚贞不拔之毅魄。德怀相与也深，相知更切。用书梗概，勒石以铭。是为志。"

彭德怀所写的碑文，高度概括了左权战斗一生的历程，赞扬了他的光辉业绩和高贵品德，也表达了千百万军民对左权的深切怀念。

■故事感悟

左权是八路军在抗日战场上牺牲的级别最高的指挥员。名将阵亡，太行山为之低咽，全党为之悲痛。左权为了民族的解放和自由在抗日战争中牺牲了，为中华民族抵御外族侵略贡献出了自己年轻的生命，我们将永远怀念这位民族英雄！

■文苑拾萃

左权县

左权县原名辽县，1942年5月25日，国民革命军第八路军副总参谋长左权将军牺牲于此，山西人民为纪念左权将军，遂更县名为左权。

左权县位于山西省晋中市东南部，太行山主脉中段西侧。北连和顺，西接榆社，南邻武乡、黎城东，与河北邢台、武安、涉县接壤。县人民政府驻辽阳镇。下辖5个镇和5个乡，包括有：辽阳镇、桐峪镇、麻田镇、芹泉镇、拐儿镇，寒王乡、石匣乡、龙泉乡、粟城乡、羊角乡，共有379个行政村。汉族为主，有回、苗、壮、布依、朝鲜、满、羌等7个少数民族。

抗日战争时期，八路军总部、中共中央北方局、八路军一二九师司令部等党政军机关曾在这里驻扎五年之久，彭德怀、左权、刘伯承、杨尚昆等老一辈无产阶级革命家长期生活、战斗在这里，这里是共产党、八路军坚持华北敌后抗战的政治、经济、军事、文化中心。

忠诚的共产主义战士刘志丹

> 刘志丹（1903—1936），名景桂，字子丹、志丹。中国工农红军高级将领，忠诚的共产主义战士，杰出的无产阶级革命家、军事家，西北红军和西北革命根据地的主要创建人之一。2009年9月14日，他被评为100位为中华人民共和国成立做出突出贡献的英雄模范之一。

刘志丹，学名景桂，字子丹。陕西省保安县（今志丹县）人。1903年10月出生在一个农民家庭里。他上榆林中学时立志革命到底，就把子丹改成志丹。

辛亥革命前后，刘志丹的爷爷曾投身于农民起义的洪流，是当地第一批剪掉辫子的"新党"，深得乡亲们尊敬。刘志丹从小听爷爷讲农民起义的故事，在他幼小的心灵上打下了烙印。刘志丹从小好学上进，性情开朗，尊老爱幼，勤劳朴素，村里人都很喜欢他。

1922年，刘志丹考入了榆林中学。榆林中学多数老师思想进步，讲民主，讲科学。尤其是魏野畴和李子洲两位老师是共产党员，对同学们影响最大。刘志丹对这两位老师既钦佩又爱慕，经常向两位老师求教学习中遇到的难题。刘志丹在老师的启发教导下迅速成长起来。他如饥似渴地接受马克思主义的思想，还手抄了《共产党宣言》《布尔什维主义的胜利》等著作。

在全国革命形势的影响下，榆林中学成立了学生会，刘志丹被选为学生会主席。他组织学生骨干，积极开展革命活动，成立了"社会科学研究会""文学研究会"和"体育研究会"等进步学术团体。他组织学生学习和研究《社会发展史》《政治经济学原理》《共产主义ABC》《中国文学史》等，并鼓励同学们要有救国救民的理想，从此，学校里的政治空气活跃起来了。

1925年春天，榆林中学成立了党支部，刘志丹成为第一批中共党员。他表示："加入了党团，就要为自己的信仰奋斗到底。作为个人来说，奋斗到底就是奋斗到死！"从此，他时时刻刻都在实践中履行自己的诺言。在魏老师的引导下，他组织进步学生，出版《榆林旬刊》传播新思想，进行反帝、反封建的宣传。他带领学生上街游行示威，开展学生运动，成为陕西地区人们公认的学生领袖。

1925年秋，刘志丹被选派到黄埔军校第四期学习，他决心"走最艰难的路，挑最重的担子，过最紧张的生活"。黄埔军校毕业后，刘志丹参加了轰轰烈烈的北伐战争，随部队到达江西吉安，这时，因冯玉祥已在三原誓师参加革命，急需我党派干部援助。刘志丹奉命返回广州，随即被派往冯玉祥军驻陕总部任组织科长。冯玉祥派他为少将特使，去进行改编马鸿逵部的谈判。他担任马鸿逵部的党代表兼政治处长后，和其他同志一起对这支部队进行了改造，后来在解围西安、东出潼关、会师中原的作战中，这支队伍屡建战功，得到了冯玉祥的嘉奖。

1934年1月，刘志丹接任红四十二师师长。2月，正当蒋介石在南方大举围攻中央红军时，西北国民党军队也发动了对陕甘红军的第一次

"围剿"。敌军集中8个军团1万余人的兵力,从东南西北四面分八路对根据地进行围攻,妄图逼红军于陕甘边决战。当时红军主力和游击队只有1300余人,敌我力量悬殊。刘志丹率领红军部队,采取灵活机动的山地游击战,粉碎敌人的"围剿"。

为了粉碎敌人的"围剿",刘志丹率领红军千里转战,盘旋于敌军外围,避其主力,只打小股弱小之敌。有一天,刘志丹选好了麻子川这块有利地形,组织了一支强大的矛子队,每人带一杆矛子,两颗手榴弹,埋伏在梁上的一个山顶背面。然后让部队去敌堡前挑战,诱敌上钩。敌营长望见红军主力来了,只令一个班守堡,其他人倾巢出动。红军边战边退,一直把敌人诱引到麻子川梁的山脚下。突然,半山上打来一排子枪,随着枪声敌军倒下十多个。敌营长气急了,下令让所有轻重火力,一齐向山头轰扫,掩护着一个连强攻山头。当敌军刚接近山顶,突然一阵冲锋号,在轰轰隆隆的手榴弹爆炸声中,红军战士像猛虎下山,手持长矛,直刺敌人的胸膛。敌军顿时大乱,不少人滚下悬崖摔死。

正在这时,红军主力从背后向敌人发动了猛烈的攻击,直打得敌人丢盔弃甲,溃不成军。这一仗,红军歼敌一个连,击溃敌人一个营,抓了不少俘虏,缴获了大批武器弹药。

在红军接连打了几次胜仗后,刘志丹主持召开了一次军事会议,提出采取"诱敌深入、集中兵力、分而歼之、游击战术"的原则。会后,他又率领红军主力,声东击西,先在庆阳城虚晃了一枪,敌人新派来的一个骑兵团上了当,朝那个方向追击。红军主力突然掉头南下,进兵合水县,乘胜攻克西华池城,连续几次胜仗,粉碎了敌人的第一次"围剿"。红四十二师在这次反"围剿"战斗中经受了严重的考验,它以能走会打,长于奇袭,善打硬仗而威震强敌。刘志丹的战术思想体系也在这些实践中开始形成。

敌人对陕北红军的第一次"围剿"失败以后，蒋介石亲自飞赴太原和西安，联合陕、甘、宁、晋四省军阀，调动5个师26个团约4万余人的兵力，发动了对西北革命根据地的第二次"围剿"。敌军采取稳扎稳打、步步为营、建立碉堡的办法，从四面向红军根据地分进合击。这时的敌情相当严重，刘志丹分析了敌我形势，要求红军、游击队、赤卫队联合作战，严格服从命令，听从指挥，反对无组织、无纪律状态。根据敌强我弱，敌十倍于红军的情况，采取游击战和运动战相结合的作战方针，首先以少数兵力牵制南线的敌人，而把红军主力集中到北线，打退进攻陕北根据地的敌人。

红军主力在刘志丹的率领下，一路红旗飘飘，连战皆捷，势如破竹，一直打到安塞县。高桥堡土围子里的敌人闻风丧胆，老远就派人送了信，献出堡子投降了。刘志丹指挥大队人马急速进军，攻打兴隆寨。主力红军包围了敌人，游击队也从四面八方赶来助战。红军转战800余里，连夺延长、安定、保安等六城，打破了国民党军对陕北革命根据地的第二次"围剿"，在20多个县建立了工农民主政权，红军发展到7000多人，使陕北、陕甘根据地连成一片，成为中共中央和各路北上抗日红军的落脚点。

1935年8月，国民党军又发动了对红军的第三次"围剿"。这次进攻的规模更大，调集了张学良的东北军主力，国民党中央军的一部分，还有阎锡山的晋军，以及陕、甘、宁、晋、绥等五省的地方部队，约10万余人。

为了粉碎敌人的第三次"围剿"，刘志丹在指挥部召开了军事会议，制定了作战方针。他说："总的形势仍然是敌强我弱，所以红军的作战方针应该是集中主力各个击破敌人，运用游击战和运动战相结合的战术，应当趁敌人的围攻还没有布置好，抓住有利战机，来个先发制人。首先在东线的绥德、吴堡一带给阎锡山刚过河的两个旅以迎头痛击，逼迫他们退到黄河东岸去。然后，再集中力量，打退北线来犯的东北军。只要打垮了这两个主要敌人，其他敌军都会不打自退。"刘志丹的深刻分析，抓住了问题的关键，后来战争的实践也证明他的分析是正确的。

刘志丹精选将士，集中了2000多人，准备东上打晋军。留下的近2000人马，交给老师长杨琪带领，就地开展游击战争，保卫和扩建苏区。刘志丹率领红军围城打援，首先以一支小部队围住木家源，不断佯攻敌人。然后，红军分四路占领有利地形，先打援敌，把援敌消灭后，集中力量攻打城里的敌军。在激战了约一个多小时后，刘志丹领导的队伍就攻进了城，战斗获得了完胜。这一仗，消灭了敌人一个正规团，缴获了大批武器弹药。接着，又获得了金蒲兰沟的胜利，消灭了晋军另一个团，迫使阎锡山军退回山西。

刘志丹指挥2000多红军精兵，南下和留守部队会师后，红军主力发展到5000多人。接着攻打横山县，战斗正在进行中，突然接到后方送来的信，要求陕甘红军开到永坪镇与徐海东、程子华等率领的红二十五军会师。刘志丹立即率领部队到永坪镇迎接二十五军。会师后编为十一军团，徐海东任军团长，刘志丹任副军团长。部队休整后，进行了三天急行军，在崂山打了一仗，歼灭东北军一个师部两个团，打死敌师长和参谋长，俘敌3700多名，红军声威大振。

当时，东征红军分两路：一军团南下，十五军团北上。国民党组织了以陈诚为头子的陕甘宁青"剿共总指挥部"，统一指挥投入山西与东征红军作战的20万人马，企图把红军消灭在抗日的征程中。在这种情况下，刘志丹的二十八军被调北上支援十五军团作战，并被任命为北路军总指挥。

刘志丹接到总部命令，当即率二十八军北上，渡过黄河，开进山西。在广大群众的积极支援下，二十八军迅速从黑峪口、兴县、康宁镇横扫过去，接二连三地取得战斗胜利。部队到达临县白文镇时，中央军委发来急电，命令二十八军向离石川南之黄河沿岸地区进击，并可借机攻占三交镇，牵制和调动敌人。刘志丹指挥部队，紧急开到三交镇近郊。他不顾疲劳，亲自察看地形，仔细研究敌情，严密部署战斗。14日拂晓，围攻三交镇的战斗打响了，一团从东南面上山，二团从东北面上山，分两路向敌人攻击，三团担任军预备队。红军一连发起了几次攻击，敌人只是躲在碉堡里猛烈扫射，不敢出来迎战。这时，刘志丹与宋任穷政委商量，亲自到一团阵地，一面了解情况，一面调整作战部署。他站在距离前线几百米的小山包上指挥作战，警卫人员几次拉他，这里太危险！可他忘记了个人安危。

正当他观察部队向敌人重新发起攻击和注视敌人态势的时候，敌人的机枪突然射来一梭子弹，刘志丹不幸胸部中弹牺牲，西北人民优秀的儿子刘志丹，为党、为人民，流尽了最后一滴血，时年32岁。

当年，为了纪念刘志丹，党中央决定把刘志丹的故乡保安县改名为志丹县，后来在城北又建了刘志丹陵园，园内有党和国家领导人为刘志丹陵的题词。

■故事感悟

刘志丹烈士一生追求真理，英勇善战，百折不挠，为创建红军和革命根据地，为中国人民的解放事业建立了不可磨灭的功勋，我们将永远缅怀和歌颂这位伟大的革命先驱。

渭华起义

大革命失败后，中共陕西省委号召共产党员到农村去，到军队中去，积蓄力量，武装反抗国民党的反动统治。1928年3月，省委决定在党的力量强大、群众基础较好的渭华地区发动起义，以西安东部为暴动区，成立中共陕东特委，省委常委刘继曾兼任书记。省委书记潘自力到渭华地区布置检查，准备在5月初组织农民起义。

5月1日，在中共陕西省委和中共陕东特委的领导下，渭华地区农民在渭华原上分片召开群众大会，宣布举行起义，建立了区、乡苏维埃政权及武装力量——陕东赤卫队。

5月10日，由中共陕西省委掌握的国民革命军第二集团军第八路新编第三旅，在唐澍、刘志丹等人率领下，由潼关开往渭华地区。这支部队是由大革命时期西安中山军事学校和国民军联军驻陕总部政治保卫队为骨干组建的，各级领导大多由共产党员担任，不少官兵是共产党员和共青团员，实际是中国共产党领导的军事力量。第三旅到达华县瓜坡镇后宣布起义，参加渭华地区农民起义。在华县高塘镇，起义部队改编为西北工农革命军，总司令唐澍，军委主席刘志丹，政治委员刘继曾，参谋长王泰吉，军党委书记吴浩然，总顾问许权中。全军千余人，设四个大队和一个骑兵队。工农革命军与起义农民相结合，在渭华原上摧毁国民党地方反动政权，建立自己的苏维埃政权和赤卫队，杀劣绅、斗地主，并没收其财物分配给贫苦农民。

渭华地区武装斗争风起云涌，很快形成了以华县高塘、渭南塔山为中心，东至少华山，西到临潼，北接渭河，南连秦岭，约200平方千米的红色割据区域，苏维埃政权在华县、五一、渭南三个县48个区、村建立。革命力量迅速发展，使反动当局十分恐惧，冯玉祥急调三个师及渭华地区的反动民团对起义中心区域实行"围剿"。经过数次激战，工农革命军、陕东赤卫队终因寡不敌众，退入秦岭山区。战斗中，工农革命军廉益民、吴浩然与陕东赤卫队副大队长薛自爽英勇牺牲。7月，工农革命军在洛南县保安镇又遭国民党军李虎臣部围攻，唐澍等牺牲。中共陕东特委决定取消工农革命军番号，部队由许权中带领暂归国民党刘文伯师，保存力量。8月，许权中带领部队在进入河南省邓县后被打散，起义失败。

■文苑拾萃

刘志丹烈士陵园

刘志丹烈士陵园位于（陕北）延安志丹县城北的炮楼山和瓦窑山之间的山坡上，依山傍水，环境优美。1940年，陕甘宁边区政府和当地政府为了永远纪念刘志丹，在他的家乡修筑了这座陵园。1947年，陵园遭到蒋（介石）胡（宗南）顽固派军队的破坏。陕北解放后，中央人民政府在1952年5月拨款重修。以后，当地政府又进行过多次修建，使陵园显得更加庄严壮观。志丹陵现为全国重点烈士纪念建筑物保护单位。

刘志丹陵墓坐北朝南，6米多宽的柏油路，由坡下直通陵园。从坡下顺着柏油路上行90米，是镶有镰刀斧头的铁栅栏门。门上有"志丹陵"三字。陵园面积约8000平方米，正中是纪念大厅，大厅高9米，长13米，进深10米，雕梁画栋，飞檐凌空。大厅正脊上镶着红五星，四面斜脊各竖一把红色的火炬，仿佛烈焰在熊熊燃烧。